KB129109

한국 베이비부머의 삶과 미래

The Life and Future of Korean Baby Boomer

김미혜 · 정순둘 공저

학지사

[머리말]

노인인구 증가와 노인문제에 대한 관심이 시작된 것은 21세기 우리 사회가 고령화 사회에 진입하면서 부터다. 급격한 노인인구 증가와 노후준비 부족으로 인해 노인문제가 사회적인 문제로 대두되었다. 이와 더불어 1945년 이후 태어난 720만 명 이상의 베이비붐세대가 향후 5~10년 사이 은퇴와 더불어 노년기에 진입하게 되면 노인문제는 더욱 심화될 것이다. 전체 인구의 14.6%에 이르는 베이비부머는 절대적으로 그 수가 많기 때문에 이들의 노령화는 노인인구의 급격한 증가를 의미한다. 또한 이들의 노년에 대한 기대와 길어진 노년기를 고려해 볼 때 이제까지 우리 사회에 영향을 미쳤던 노인문제와는 차원이 다른 충격을 줄 것으로 예상되고 있다.

정부에서는 2006년부터 고령사회에 관심을 가지고 대비해 왔다. 제1차 저출산 · 고령사회 기본계획에서는 베이비붐세대에 대한 직접적인 언급이 없었으나 제2차 저출산 · 고령사회 기본계획부터는 베이비붐세대에 대한 대응 방안이 구체적으로 언급되기 시작하였다. 현재 논의 중에 있는 제3차 계획에서는 베이비붐세대의 노령화에 따라 비정상적으로 변해 가는 인구 구조를 정상화하는 방향을 고민하고 있다.

앞으로 노인이 될 베이비붐세대는 전쟁 후 세대로 동년배의 인구가 많아 치열한 경쟁을 거쳤으며 민주화와 경제성장에 기여한 세대, 부모세대와 자녀세대 사이에 낀 세대로 다른 세대들과는 다른 고유한 특성을 가지고 있다. 따라서 베이비붐세대의 특성에 따라 복지욕구도 기존의 노인세대와는 크게 다를 것으로 예상된다. 이런 베이비붐세대의 특성을 제대로 알지 못하고는 이들의 노년기를 위한 사회적 대응은 어려울 것이다. 신 노년세대로서 베이비부머의 욕구에 대응할 새로운 전략이 필요한 시기다.

이 책은 저자들의 베이비붐세대에 대한 연구와 현황을 모아 베이비부머의 이해를 돕기 위해서 작성되었다. 이 책은 총 6개 장으로 구성되어 있으며, 1장은 베이비부머의 인구사회학적 배경을 중심으로, 2장 베이비부머의 가족, 3장 베이비부머의 경제적 특성, 4장 베이비부머의 건강 특성, 5장 베이비부머의 사회활동 특성, 그리고 마지막 6장은 베이비부머의 특성과 전망으로 구성되어 있다. 각 장별 내용은 베이비부머의 특성과 현황 및 미래 대응으로 구성되어 있다.

저자들은 사회가 베이비붐세대에 대하여 이해하고 또 노년기에 대응하는 이들의 정책을 구상하는 데 도움이 되기를 바라는 마음으로 이 책을 준비하고 집필하였다. 그리고 마지막으로 여전히 베이비붐세대에 대한 연구가 많이 부족함을 새삼 느꼈으며, 이들을 이해하기 위한 연구가 지속적으로 이루어져야 함을 깨닫게 되었다.

2015년 8월

저자 일동

[차 례]

베이비부머의 경제적 특성　51

베이비부머의 특성과 전망　135

01

베이비부머의
인구사회학적
배경

[01]
베이비부머의 인구사회학적 배경

1. 들어가는 말

   오늘날 영양상태와 위생상태의 개선, 보건의료 수준의 향상으로 기대수명이 늘어남에 따라 노인인구가 지속적으로 증가하고 있다. 이미 고령화 사회인 우리나라는 2050년에 이르면 전체 인구의 38.2%가 노인층으로, 이는 일본 37.7%, 프랑스 25.9%, 미국 21.0% 등과 비교해 볼 때 현저히 높은 비율로 세계 최고 수준의 고령사회에 접어들게 될 전망이다(대한민국정부, 2010). 현재 우리나라의 빠른 고령화 속도에 대한 영향으로 곧 노인층으로 접어들게 될 베이비붐세대가 주목받고 있다. 2015년 기준 베이비부머는 만 52세에서 60세 사이에 해당하며 이들은 앞으로 은퇴나 퇴직을 경험하면서 노인층으로 접어들게 될 것이다. 노인층이 전체 인구의 20% 이상이 되는 초고령화 사회로 진입하게 될 것으로 예상되는 2020년대 중반은 시기적으로 모든 베이비부머가 노년기에 접어드는 때와 거의 일치한다(강상경, 2012). 이에 베이비붐세대가 노년기에 접어들게 됨으로써 발생하게 될 사회적 부담은 이들에 대한 연구의 필요성을 대두시켰다.

베이비붐세대는 전쟁 또는 불경기 이후의 경제적·사회적 안정으로 출산율이 증가하게 된 시기에 태어난 인구 코호트를 일컫는다. 우리나라의 경우 한국전쟁이 끝난 1955년부터 산아제한 정책이 실시되기 전인 1963년까지의 시기에 태어난 세대를 말한다. 베이비붐세대는 우리나라 전체 인구의 14.6%를 차지하는 거대한 인구집단으로, 이들의 역사적 경험이나 교육수준, 라이프스타일은 기존의 노인 세대와 다른 특성을 보인다(통계청, 2012). 그러므로 베이비붐세대의 특성을 알고 이들의 현재 삶에 대해 살펴보며 나아가 이들에게 필요한 미래의 접근 방안을 모색해 보는 것은 현 시점에서 매우 중요하다고 할 수 있다.

2. 인구사회학적 현황

1) 인구규모

베이비붐(Baby boom)은 어떠한 특정 시기에 출생하는 아이의 수가 급격하게 늘어나는 현상으로 이 시기에 태어난 출생 코호트를 일컬어 베이비부머(Baby Boomer)라 부른다. 제2차 세계대전이 끝나면서 대부분의 선진국에서는 출산율이 폭증하여 출생아 수가 증가하는 베이비붐을 경험하였는데, 이는 전쟁 동안 별거하던 젊은 부부들이 재결합하거나 미루었던 결혼과 출산을 한꺼번에 하면서 출산율이 급격히 증가하였기 때문이다(통계청, 2012). 우리나라의 경우에도 한국전쟁이 끝난 1955년부터 산아제한 정책이 실시되기 전인 1963년까지 9년간 높은 출산율을 보여 폭발적인 인구성장이 이루어져 베이비붐세대가 형성되었다. 우리나라의 베이비부머는 〈표 1-1〉과 같이 전체 인구 중에서 약 14.58%를 차지하는 695만 명[1]으로 추산되며, 이 중 남성은 49.8%, 여성 50.2%로 여성이 약 3만 명 더 많다(통계청, 2012).

〈표 1-1〉 베이비부머 인구규모 (단위: 천 명, %)

구 분	전체 인구(내국인)	구성비	베이비부머	구성비
남 자	23,841(100.0)	49.7	3,462(14.5)	49.8
여 자	24,150(100.0)	50.3	3,488(14.4)	50.2
계	47,991(100.0)	100.0	6,950(14.5)	100.0
성 비	98.7		99.3	

*성비: 여자 100명당 남자의 수
출처: 통계청(2012). 베이비부머 및 에코세대의 인구 · 사회적 특성분석-2010년 인구주택총조사 중심으로.

베이비붐세대 중에서 연령별 인구규모는 1955년부터 1959년까지 순차적으로 태어난 인구가 점점 많아지기 시작하면서 그 이후로는

---

1) 베이비부머 인구 집계는 학자들에 따라 다소 차이가 있다. 참고로 주소현, 김정현(2011)은 712만 명으로 추산하고 있다.

1960년생이 86만 9천 명으로 가장 큰 인구규모를 가지며, 1962년
생은 85만 4천 명, 1961년생은 85만 1천 명, 1963년생은 78만 5천
명 순이었다(통계청, 2012). 여성 100명당 남성의 수를 나타내는 성
비는 1963년생 101.6으로 가장 높았으며 1962년생이 101.4로 다
음을 차지하였다.

〈표 1-2〉 베이비부머 인구 구조 (단위: 천 명, %)

출생연도	1955	1956	1957	1958	1959	1960	1961	1962	1963
남자	3,462 (100.0)	325 (9.4)	326 (9.4)	365 (10.5)	374 (10.8)	393 (11.3)	430 (12.4)	424 (12.3)	430 (12.4)	395 (11.4)
여자	3,488 (100.0)	338 (9.7)	333 (9.5)	366 (10.5)	376 (10.8)	396 (11.4)	438 (12.6)	427 (12.3)	424 (12.2)	389 (11.2)
계	6,950 (100.0)	663 (9.5)	658 (9.5)	731 (10.5)	751 (10.8)	789 (11.4)	869 (12.5)	851 (12.2)	854 (12.3)	785 (11.3)
성 비	99.3	96.1	98.0	99.6	99.5	99.0	98.1	99.4	101.4	101.6

출처: 통계청(2012). 베이비부머 및 에코세대의 인구·사회적 특성분석-2010년 인구주
택총조사 중심으로.

2) 베이비부머의 교육정도

전체 베이비부머의 교육정도를 살펴보면 [그림 1-1]과 같이 고
등학교 졸업이 43.5%로 가장 많았으며, 다음으로 중학교 졸업
21.6%, 대학교 졸업 15.9%, 초등학교 졸업 10.4%, 전문대학 졸업
4.8%, 대학원 이상 2.8%였으며, 무학은 1%였다(한국보건사회연구
원, 2010). 이를 통해 베이비부머의 최종학력은 고등학교 졸업 이상

이 약 60% 이상을 차지하는 것으로 나타났다.

베이비부머는 전쟁을 직접적으로 겪은 자신의 부모세대에 비하여 보다 나은 교육환경에서 성장하여 교육수준이 높다고 할 수 있다. 하지만 이들이 학교에 진학하면서 학생의 수는 급격히 증가하였고, 이 때문에 대학 진학을 위하여 치열한 경쟁을 해야 했다. 이렇듯 이 들은 높은 교육수준을 바탕으로 하여 산업화와 국가 성장발전의 뒷 받침이 되는 인적자원 역할을 하였다(한경혜 외, 2010; 한국보건사회 연구원, 2010).

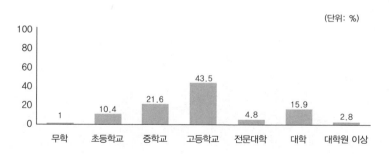

[그림 1-1] 베이비부머의 교육정도

출처: 한국보건사회연구원(2010). 중년층의 생활실태 및 복지욕구 조사.

3) 베이비부머의 경제활동

2014년 기준으로 1955년에서 1963년 사이에 태어난 50대, 즉 베이비부머의 경제활동 참가율은 [그림 1-2]와 같이 전체 50대 인 구 대비 74.5%에 달하는 것으로 나타났다. 이는 역대 50대 경제활 동 참가율 중 가장 높은 수치이며, 20대의 경제활동 참가율이 역대

최저로 떨어진 것과는 대조적이었다(데이터뉴스, 2014. 3. 24.). 이는
2000년 50대 경제활동 참가율인 68.7%보다 5.8% 증가한 것으로,
50대의 경제활동 참가율은 2005년 이후로 매년 최대치를 갱신하고
있다. 이와 같은 통계치는 길어진 평균수명에 따라 경제활동 가능연
령도 길어지고 길어진 노후생활로 인한 경제적 부담으로 경제활동
에 참여하고자 하는 이들의 연령 또한 높아지고 있는 현황을 반영한
것으로 보인다.

(단위: %)

[그림 1-2] 연령별 경제활동 참가율(2014년 2월 기준)

출처: 통계청(2014).
참고: 한국노인인력개발원(2015). 베이비부머종합포탈 홈페이지.

4) 베이비부머의 가구 구성

2010년 통계청이 베이비부머가 있는 515만 가구의 세대 구성을 살펴본 결과, 부부와 자녀로 구성된 2세대 가구가 336만 가구로 전체의 65.3%를 차지하여 가장 많은 것으로 나타났다. 다음으로 부부 가구인 1세대 가구가 14.7%, 1인 가구가 11.2%였으며, 3세대 이상 가구는 전체의 8.2%였다(통계청, 2012). 베이비부머의 세대 구성은 점차 핵가족화되는 시대 상황을 반영한 것으로, 앞으로 베이비부머의 자녀가 취업과 결혼 등의 이유로 가정을 떠나게 되면 1세대가구 또는 1인 가구의 형태가 더 늘어날 것으로 전망된다.

베이비부머가 속한 가구의 거주지역을 살펴보면, 경기가 115만 가구로 가장 많이 거주하고 있으며, 서울이 103만 가구, 부산이 42만

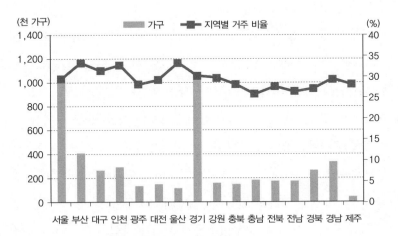

[그림 1-3] 지역별 베이비부머 거주 가구 수

출처: 통계청(2012). 베이비부머 및 에코세대의 인구 · 사회적 특성분석-2010년 인구주택총조사 중심으로.

가구, 경남이 34만 가구 순이었다. 이 중 각 지역별 가구 수 대비 베이비부머가 있는 가구 비율은 부산이 33.4%로 가장 높았으며 다음으로 울산 33.3%, 인천 32.7% 순이었다(통계청, 2012).

5) 세대 간 비교

　기존의 세대연구를 살펴보면 1960~1970년대의 초기 연구에서는 연령 코호트에 의한 세대구분법이 주로 쓰였지만 이후 1980년대에는 사회구조적 요소에서 세대문제의 근원을 찾으려는 시도가 있었다(조성남, 박숙미, 2002). 1990년대 들어 특정 세대를 집중연구하거나 역할관계에 따라 주변 세대들을 규정하고 그들과의 관계를 연구하는 등 특성화, 전문화, 일상화하여 기존과 다른 방식으로 연구하였다(조성남, 박숙미, 2002).

　이와는 달리 정치적 사건 등에 따라 세대를 구분하거나, 가치관이나 라이프스타일을 중심으로 구분하기도 한다. 또한 마케팅을 위한 트렌드 파악을 목적으로 세대를 구분하기도 한다(연명흠, 심정희, 2008). 이 장에서는 〈표 1-3〉과 같이 코호트의 개념을 적용하여 30세 전후를 제외한 성인층을 4범주—베이비붐세대를 중심으로 그들의 부모세대인 노인세대, 그 사이 세대인 예비노인세대, 그리고 아래세대인 X세대—로 구분하였다. 이는 20대, 30대, 40대 등 10년 주기로 세대를 구분하는 기계적 범주화가 지니는 방법론상의 한계를 극복하면서 각 세대의 특성 차이를 설명하는 데 매우 적절할 것으로 판단된다.

〈표 1-3〉세대 간 비교 및 특성

구분	출생연도	특성
X세대	1964~1976년	• 정치적 자유, 경제적 풍요 경험 • 자유분방, 자기중심적, 다양한 가치관 추구
베이비붐세대	1955~1963년	• 인구학적 과밀, 과잉을 경험하며 성장 • 치열한 경쟁 경험 • 유신세대로 민주화를 위해 투쟁한 세대 • 1980년대 국내 경제성장 뒷받침
예비노인세대	1946~1954년	• 노년기를 앞두고 있는 세대 • 청소년 시기에 빈곤 경험 • 청년기에 출산억제정책, 반공의식 함양, 월남전 등 경험
노인세대	1945년 이전	• 청소년기 조선해방, 대한민국 수립, 한국전쟁과 보릿고개 경험 • 성인 초기 농경사회에서 공업사회로 변화 • 유교주의와 가족주의 영향 • 개인보다는 가족과의 관계 중시

X세대, 베이비붐세대, 예비노인세대(준고령세대), 노인세대의 특징은 다음과 같다. 먼저, 베이비붐 시기에 태어난 사람들을 일컬어 베이비붐세대라고 한다. 이들은 한국전쟁 이후 경제개발의 본격적 시작과 동시에 출생하였는데, 국가의 출산장려정책으로 인해 다산의 시기에 태어났기 때문에 인구학적으로 과밀과 과잉을 경험하며 성장하였다. 교육적 측면에서, 전쟁을 겪은 부모세대에 비해서는 보다 나은 양육과 체계적 교육을 받을 수 있었으나, 베이비붐세대가 학교에 진학하면서 학생 수는 급증하였다. 이로 인해 대학진학을 위한 치열한 경쟁을 경험해야 했으며, 과외문제 등이 심각한 사회문제로 부상

하였다. 정치적으로는 유신세대로서 민주화를 위해 투쟁한 세대이기도 하다. 경제적으로 이들은 높은 교육수준을 바탕으로 하여 국가의 훌륭한 인적 자원이 되어 주었으며, 1980년대 국내의 경제성장을 뒷받침해 주었다. 또한 절대빈곤이 해소된 상태에서 성장한 베이비붐세대는 분배의 형평성을 고려하게 되었고, 더불어 사는 사회와 개인의 의사를 존중하고 다양성을 추구하는 가치관을 선호하는 특징을 보였다. 그러나 1997년 IMF 경제 위기 때 30대 후반~40대 초반이었던 이들은 자녀 교육비 부담이 가장 시기에 가장으로서의 경제적 기반을 닦지 못한 채로 구조조정과 정리해고 등의 부정적 사건을 심하게 경험하기도 하였다(임연옥 외, 2010). 이들은 대표적인 낀 세대로서 부모세대를 부양하는 마지막 세대로 보고 있는 반면, 자녀세대로부터의 노후부양은 기대하지 않고 있다. 이러한 특성을 갖고 있는 베이비붐세대는 빠른 고령화의 주역으로 그 숫자도 만만치가 않고 사회, 문화, 경제에 미치는 영향도 엄청나 미국이나 일본과 같이 한국에서도 주목의 대상이 되고 있다(김미령, 2010).

다음으로 X세대는 베이비붐세대 이후에 태어난 사람들로서 '베이비 버스터(baby buster)세대'로 불린다. X세대라는 용어는 1991년 초에 나온 Douglas Coupland의 소설 『X세대(*Generation X*)』에서 인용되었다고 한다. 특히 대중미디어가 이 용어를 사용하면서 학계와 일반인들 사이에서도 흔히 쓰이게 되었다. 한국에서는 화장품 '트윈엑스'광고를 분기점으로 신세대에서 X세대로 불리기 시작했다(전인수, 최우원, 1996). 한국의 X세대는 정치적 자유, 경제적 풍요를 경험했는데, 1980년대 중반 호황기에 10대를 보내고 20대 초반에는 민주화를 경험했다. 1990년 독일통일, 1991년 구소련의 해체, 황석영, 문익환, 임수경, 문규현 씨 등의 방북을 경험했다(정홍섭, 2003). 이 세대의 특징은 과거의 관념에 얽매이지 않고 자유분방하며, 자기중심적인 성격이 많고, 다양한 가치관을 추구한다는 것이다(정홍섭, 2003).

준고령세대는 베이비붐세대나 X세대와 동세대 개념으로 볼 때 4.19세대에 속하지만 이 세대에 대한 통일된 세대 명칭은 없다. 이들은 베이비붐세대보다 노년기에 먼저 들어갈 세대로 노년기 바로 앞에 있으므로 연령에 근거해 준고령세대이지만, 예비노인세대로 불리기도 한다. 이에 이 장에서는 이 세대를 예비노인세대로 칭하고자 한다. 예비노인세대는 베이비붐 이전 세대로 연령은 법적 노인연령인 65세 이하이고 청소년기 때는 4·19를 겪었으며 민주화 운동의 선봉에 섰던 세대다. 또한 경제개발계획과 새마을운동으로 대변되는 근대화와 5·16을 경험하였으며, 비합리적이고 굴욕적인 일본과의 외교를 반대하던 6·3세대의 역사 경험을 겪었다(김미령, 2010; 함인희, 2002). 이들이 청소년 시기를 보낼 때인 1960년대 한국은 빈곤의 시기를 겪었으며 한일국교정상화를 경험하였다. 이들은 그전 세대보다는 학력이 증가하였고 청년기에 출산억제정책, 반공의식함양, 월남전 등을 경험하였으며, 또한 유신독재, 자본집약적 공업을 육성하던 시기에 20대를 보낸 세대다(김미령, 2010: 최인영, 최혜경, 2009, p. 87 재인용). 이들은 이제 노년기의 바로 초입에 와 있으며 2000년 고령화사회가 시작되던 시기에 중년기를 보냈다(김미령, 2010). 현재 자녀를 출가시킨 후 부부만 남는 빈둥지증후군을 경험하는 시기이기도 하다.

　고령세대, 즉 노인세대는 일제 식민시대에 태어났고 아동기에는 조선총독부의 창씨개명을 강요받는 경험을, 청소년기에는 조국 해방, 대한민국 수립, 한국전쟁과 보릿고개를 겪었고 청년기에는 4·19혁명, 5·16 군사쿠데타, 월남전 파병을 경험했다. 성인초기에는 2·3차 경제개발계획, 농경사회에서 공업사회로의 변화를 겪었다(김의철 외, 2000). 이들은 유교주의와 가족주의 영향으로 개인보다는 가족과의 조화 속에서의 발전을 중요시해 왔다(백지은, 2008). 유교적 가족주의의 특징은 부계혈연 중심의 배타성, 관계 속에서의 개인 중시다(백지은, 2008). 이들은 자식에게 도움을 주기 위한 무리와 희생으로 대부분이 노후의 경제생활에 대비하지 못하고 길어진 노년생활을 하게 되었다(안혜숙, 1997).

3. 미래 대응 방안

　전체 인구의 14.6%에 달하는 베이비부머가 향후 5~10년 사이에 노인인구에 편입함에 따라 우리나라의 인구 구조는 크게 변화할 것으로 예상되고 있다. 이대로 간다면 2026년에는 초고령사회 진입과 2031년 총 인구 감소로 이어질 것으로 예상되고 있다.

　인구정책의 핵심은 세대 간의 균형을 맞추는 것이다. 인구문제를 해결하기 위해서는 인구의 수를 증가시키는 방법이 가장 절실하며, 결국 여성의 출산을 장려하는 방향으로 갈 수밖에 없다. 새롭게 출생하는 아기의 수는 2010년 기준으로 가임여성 1명당 1.23명(통계청, 2014)이며, 저출산·고령사회 대책을 수립하여 다양한 정책적인 개입을 했음에도 불구하고 좀처럼 증가할 기미가 보이지 않고 있다. 사회·경제적인 원인으로 인해 결혼을 하지 않는 경우가 늘고, 결혼 연령도 높아지고 있는 것이 가장 큰 문제로 인식된다. 만혼의 증가는 전반적인 출산연령도 함께 늦춰, 불임과 저출산의 직접적인 원인이 된다. 결혼 이후에도 아기를 갖지 않는 가정을 인정하는 분위기도 출산율 증가에 부정적인 영향을 미친다.

정부에서는 2016~2020년을 바라보는 제3차 저출산·고령사회 기본계획을 수립 중에 있으며, 주로 저출산과 관련한 내용에 강조를 두고 있다. 제3차 저출산·고령사회 기본계획에서는 청년일자리, 일·가정양립, 교육개혁, 신혼부부 주거 등의 구체적인 내용을 논의하고 있다. 저출산의 문제가 개인적인 요인보다는 사회 전반적인 요인과 긴밀하게 연관되어 있어, 효과가 얼마나 있을지에 대해서는 낙관하기 어렵다. 국가 전체가 심각한 위기의식을 가지고 공동으로 대응을 해야 하며, 지속 가능한 국가 발전을 위해 적극적인 인구정책을 마련해야 한다.

[참고문헌]

강상경(2012). 삶의 만족도와 관련요인의 세대 간 차이에 대한 탐색적 연구: 한
　　국복지패널 자료를 이용한 베이비 붐 세대와 이전 및 이후 세대 간 비교.
　　사회복지연구, 43(4), 91-119.

김미령(2010). 베이비붐세대, X세대, 준고령세대 여성의 삶의 질 구성요소 비
　　교연구. **노인복지연구**, 51, 7-34.

김우성, 허은정(2007). 베이비붐세대, X세대, Y세대 소비자들의 소비관련 가치
　　관과 라이프스타일의 비교. **소비문화연구**, 19(4), 31-53.

김의철, 박영신, 김명언, 이건우, 유호식(2000). 청소년, 성인, 노인 세대의 차
　　이와 생활만족도. **한국심리학회지: 건강**, 5(1), 119-145.

대한민국정부(2010). 제2차 저출산 · 고령사회 기본계획.

박재흥(2003). 세대 개념에 관한 연구. **한국사회학**, 37(3), 1-23.

백지은(2008). 한국 노인의 전통적 가치관에 따른 성공적 노화의 인식차이. **한
　　국노년학**, 28(2), 227-249.

안혜숙(1997). 한국노인의 공적 부양. **상지대학교 논문집**, 18, 325-344.

연명흠, 심정희(2008). 제품 인터랙션 사용성향에 있어서의 세대구분 및 세대
　　이해, 디자인학연구. **한국디자인학회**, 21(3), 231-242.

임연옥, 박재연, 윤현숙(2010). 베이비붐세대의 삶의 만족도에 영향을 미치는
　　요인: 노부모 세대와의 비교를 중심으로. **한국노년학회 학술발표논문집**,
　　2010, 89-102.

전인수, 최우원(1996). X세대의 쇼핑가치와 쇼핑정보 이용특성에 관한 연구.
　　한국상품학회, 15, 199-220.

정홍섭(2003). 세대간의 갈등과 교육의 역할. **교육과학연구**, 3, 131-148. 신라
　　대학교 교육과학연구소.

조성남, 박숙미(2002). 한국의 세대관련 연구에 나타난 세대개념의 구분과 세
　　대갈등을 이해하는 방법에 관한 일 고찰. **사회과학연구논총**, 9, 39-68. 서
　　울: 이화여자대학교 사회과학연구소.

주소현, 김정현(2011). 세대별 개인재무관리 관련 태도 및 행동 분석: N, X, 베
　　이비부머, 전쟁세대를 중심으로. **소비자정책교육연구**, 7(3), 123-146.

최인영, 최혜경(2009). 한국 중년세대의 가치관 특성 및 유형에 관한 연구. **한
　　국가족관계학회지**, 14(1), 81-109.

통계청(2012). 베이비부머 및 에코세대의 인구·사회적 특성분석-2010년 인구
　　주택총조사 중심으로. 대전: 통계청.
통계청(2014). 2014 한국의 사회지표: 1-6. 연령별 출산율과 합계율. 대전: 통
　　계청.
한경혜, 차승은, 김주현(2010). 한국 베이비부머의 직업경력유형과 가족경제상
　　황 그리고 완전은퇴 예상시기. **한국노인과학학술단체연합회 국제학술대회**
　　발표자료, 2010, 307-308.
한국보건사회연구원(2010). 중년층의 생활실태 및 복지욕구 조사. 세종: 한국
　　보건사회연구원.
함인희(2002). 베이비붐세대의 문화와 세대경험. 임희섭(편), **한국의 문화변동과**
　　가치관. 서울: 나남.
허은정, 김우성(2003). 베이비붐세대 가계와 X세대 가계의 소비지출 및 저축,
　　소비문화연구. **한국소비문화학**, 6(3), 79-97.

Bengtson, V. L., Michael, J. F., & Robert, S. L. (1974). Time, Aging
　　and the Continuity of Social Structure: Themes and Issues in
　　Generational Analysis. *Journal of Social Issues, 30*(2), 1-30.
Mancini, J. A., & Blieszner, R. (1989). Aging Parents and Adult Children:
　　Researcg Themes in Intergenerational Relations. *Journal of*
　　Marriage and Family, 51(2), 275-290.
Pilcher, J. (1994). Mannheim's sociology of generations: An undervalued
　　legacy. *The British Journal of Sociology, 45*(3), 481-495.

데이터뉴스(2014. 3. 24.). "50대 경제활동 참가율 역대 최고 갱신".
　　http://www.datanews.co.kr/site/datanews/DTWork.asp?itemIDT=
　　1002910&aID=20140324131443807
한국노인인력개발원(2015). 베이비부머종합포탈 홈페이지.
　　https://www.activebb.kr/stat/statView.do

02

베이비부머의 가족

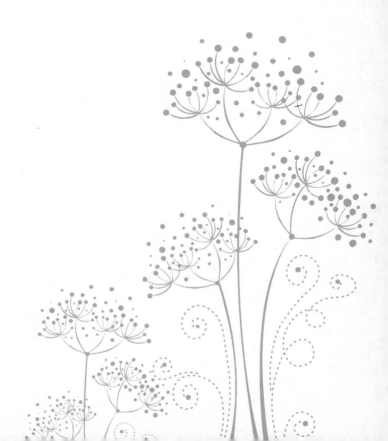

[02]

베이비부머의 가족

1. 들어가는 말

가족은 사회의 가장 기본적 단위로 누구나 가족의 일원이 된다. 일반적으로 가족은 결혼제도를 통해 생겨난 부부를 중심으로 그들의 자녀와 손자녀 등의 혈연관계에 있는 집단을 지칭한다. 가족 구성원은 각자에게 지워진 사회적 역할을 수행하는 과정에서 상호작용과 의사소통을 통해 공통의 문화를 창출 · 유지하게 된다. 또한 가족은 1차적 관계를 맺는 사회집단으로 영구적 관계를 유지하며, 가족 구성원 개인에게는 주요한 사회적 지지체계가 된다. 특히 가족주의적 전통을 가지고 있는 한국 사회에서는 가족 구성원 간의 관계 변화나 개별 가족 성원의 존재여부 등은 한 개인의 생활주기에 있어서 큰 영향을 끼친다. 즉, 가족은 가족 구성원의 생리적인 욕구를 충족시켜 주거나 심리적인 안식처를 제공해 주는 기본적인 역할을 수행할 뿐 아니라 개인의 발전과 자아형성, 자아정체감 형성 등에 중요한 역할을 담당하고 있다(김승권, 2006).

따라서 인간 생활주기에서 가족관계의 중요성은 매우 큰데, 특히 사회적 관계로부터 단절되는 은퇴를 경험하고 노년기 진입을 시작하게 된 베이비부머에게 있어 가족관계는 다른 시기에 비해 매우 중요한 의미를 갖게 된다. 베이비붐세대는 위로는 부모 부양, 아래로는 자녀양육이라는 이중부담을 가지고 있지만, 정작 자신은 자신의 후세대인 자녀에게서 부양을 받지 못하고 받기 어려운 '끼인 세대(caught generation)'(Orthner, 1981) 혹은 '샌드위치세대(sandwich generation)'(Miller, 1981)라는 특성을 가진다(정순둘, 이현희, 2012, p. 211 재인용).

우리나라의 경우 개인보다는 가족의 이익을 위해 자신을 희생하고 가족을 통하여 심리 정서적 욕구를 충족하는 '가족집단주의' 특성을 가지고 있으며, 부모가 자녀의 욕구를 충족시켜 주면서 밀접한 관계를 형성하고 유지하는 '상호의존적인 부모-자녀관계'를 중시한다. 또한 부모 부양에 대한 책임의식과 관련된 '효의 강조', 남성에 의한 여성의 지배관계인 '가부장제 가족주의' 등의 전통적 가족문화를 가지고 있다(정순둘, 이현주, 2010).

이 장에서는 베이비부머의 가족형태 현황을 혼인상태와 가족 구성의 특성 및 가족관계 만족도와 가족가치관 등을 통해 살펴보며, 앞으로 우리 사회가 베이비부머의 가족에 어떠한 개입이 필요한지에 대해서 파악하고자 한다.

2. 가족관계 현황

1) 결혼상태

사회적 집단인 가족의 형태를 결정하는 가장 큰 요인은 결혼 유무다. 결혼 유무에 따라 배우자의 유무가 결정되는데, 일생을 함께 하는 배우자가 있다는 것은 삶의 질을 좌우하는 중요한 변수가 된다 (김종숙, 1987; 이금재, 박혜숙, 2006). 결혼생활의 중심이 과거에 비해 부부관계 중심으로 변화하고 있기 때문이다. 한편, 결혼만족도는 일반적으로 결혼 초기에는 높았다가 자녀의 청소년시기가 되면 감소하고, 부부가 노년기로 갈수록 다시 높아지는 U자형 곡선을 이룬다(Vaillant & Vaillant, 1993). 그러나 우리나라의 경우 부부가 노년기가 되어도 결혼만족도는 감소한다는 연구결과(김미령, 2008; 이기숙, 1984)가 있는데, 이는 부부간의 폐쇄적 의사소통과 경제적 어려움, 건강상의 변화 등에서 원인을 찾을 수 있다(정순둘, 김예솔, 2014).

우리나라 베이비부머의 결혼상태를 살펴보면 [그림 2-1]과 같다. 배우자 있음이 5,802명(83.5%)으로 가장 많았으며, 이혼이 591명 (8.5%), 사별 299명(4.3%), 미혼 258명(3.7%)으로 나타났다(통계청, 2012). 이는 베이비부머가 대부분 결혼상태에 있음을 보여 주는 것으로, 아직은 연령상 배우자와 사별한 경우가 적음을 보여 준다. 결혼상태의 특성을 성별에 따라 살펴보면, 남성의 경우 유배우자의 비율이 여성에 비해 높은 반면, 여성의 경우 사별로 인한 배우자 상실이 남성에 비해 높은 것으로 나타났다.

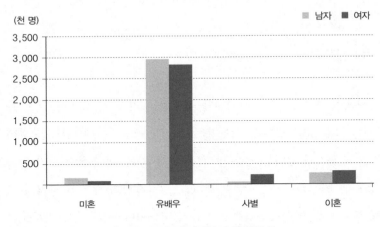

[그림 2-1] 베이비부머 혼인상태

출처: 통계청(2012). 베이비부머 및 에코세대의 인구·사회적 특성-2010년 인구주택총
조사 중심으로.

베이비부머의 결혼연령은 이전의 노인세대인 부모세대보다 1~2
세 정도 높아진 것으로 나타났다(정순둘, 2011; 한경혜 외, 2011). 이
러한 경향은 미국에서도 동일한 것으로 나타나 베이붐세대의 결혼
연령은 그들의 부모세대(1930년대에서 1950년에 태어난 집단)의 결
혼연령에 비해 평균적으로 더 늦어진 것으로 보고되었다(Bouvier &
De Vita, 1991). 또한 베이비붐세대는 부모세대에 비해 부부가 함
께 생활해야 할 기간이 약 8~10년 길어진 것으로 나타났다(정순둘,
2011). 그로 인해 베이비붐세대는 부모세대에 비해 3배 이상 이혼
을 더 많이 하며, 재혼도 부모세대에 비해 평균적으로 약 3배 정도
더 많이 하는 것으로 나타났다(정순둘, 2011).

2) 가족 구성

가족 구성원에 따른 가족 구성의 유형에는 1인 가구 형태 이외에 부부만으로 이루어진 1세대 가구, 부부 또는 독신의 부모 혹은 자녀가 함께 사는 2세대 가구, 2세대 가구 형태에서 손자녀가 함께하는 3세대 가구, 그 외에 부모세대와 자녀, 손자녀 이상의 확대가족 형태의 4세대 이상의 가구와 혈연관계가 아닌 이들과 함께 사는 비혈연 가구 등으로 구분해 볼 수 있다. 가족의 형태는 시대적 상황에 따라 여러 가지 형태로 변화하였는데, 우리나라의 경우 전통적인 확대가족에서 점차 핵가족화되고 있다. 또한 현재 1인 가구형태도 상당수 증가하고 있다.

베이비부머의 경우 [그림 2-2]와 같이 가족 구성이 이루어지고 있

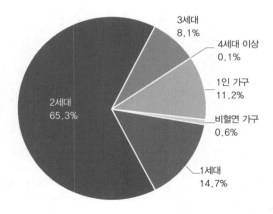

[그림 2-2] 베이비부머 세대 구성

출처: 통계청(2012). 베이비부머 및 에코세대의 인구·사회적 특성-2010년 인구주택 총조사 중심으로.

음을 알 수 있다. 베이비부머가 속한 515만 가구 중 65.3%가 2세대 가구로 가장 높은 비율을 차지하고 있는 것으로 나타났으며, 부부로 구성된 1세대 가구는 14.7%, 1인 가구는 11.2%로 나타났다. 3세대 가구는 8.1%, 4세대 이상 가구는 0.1%, 비혈연 가구는 0.6% 등이었다.

한편, 가족 구성형태를 일반 가구와 베이비부머가 속한 가구로 비교하여 살펴보면 〈표 2-1〉과 같다. 베이비부머가 속한 가구는 일반 가구에 비하여 1세대 가구의 비율은 더 낮게 나타난 반면, 2세대 가구의 비율이 더 높았다. 베이비부머의 평균연령이 50대임을 감안하면 아직 독립하지 않은 자녀와 사는 가구가 많기 때문인 것으로 해석된다. 이들의 자녀세대가 직업 및 결혼 등의 이유로 독립을 하게 되면 앞으로 1세대 가구의 비율은 더욱 높아질 것으로 전망된다. 한편, 1인으로만 구성된 독거 세대의 경우 베이비부머가 있는 가구가 일반 가구에 비해 약 1/2 정도 비율이 낮은 것으로 나타났으나, 시간이 흐름에 따라 자녀의 독립이나 배우자의 사망 등으로 인해 베이비붐세대의 독거 비율도 더욱 증가할 것으로 예측된다. 많은 학자들은 가족형태 변화 요인으로 세계화 및 노동시장의 변화, 같은 경제환경 변화, 저출산이나 고령화 등의 인구학적 변화, 개인주의ㆍ다원주의와 같은 문화적 변화, 정보ㆍ의료기술 등 기술적인 발전, 가족 관련 정책 등을 언급하고 있다(김두섭, 김정석, 송유진, 최양숙, 2005; 문소정, 2008; 박이택, 2014).

〈표 2-1〉 베이비부머 및 일반 가구 세대 구성

(단위: 천 가구 %)

구 분		일반 가구		베이비부머가 있는 가구	
			구성비		구성비
계		17,339(100.0)	100.0	5,146(29.7)	100.0
1세대		3,027(100.0)	17.5	756(25.0)	14.7
	부부	2,672(100.0)	15.4	692(25.9)	13.4
	기타	356(100.0)	2.1	64(18.0)	1.2
2세대		8,892(100.0)	51.3	3,360(37.8)	65.3
	부부+미혼자녀	6,416(100.0)	37.0	2,458(38.3)	47.8
	부+미혼자녀	347(100.0)	2.0	135(38.8)	2.6
	모+미혼자녀	1,247(100.0)	7.2	447(35.9)	8.7
	조부모+미혼손자녀	51(100.0)	0.3	5(9.9)	0.1
	기타	831(100.0)	4.8	315(37.9)	6.1
3세대		1,063(100.0)	6.1	415(39.0)	8.1
	부부+미혼자녀+양친	134(100.0)	0.8	41(30.6)	0.8
	부부+미혼자녀+모(부)친	518(100.0)	3.0	231(44.6)	4.5
	기타	411(100.0)	2.4	143(34.8)	2.8
4세대 이상		13(100.0)	0.1	5(35.8)	0.1
1인 가구		4,142(100.0)	23.9	579(14.0)	11.2
비혈연 가구		202(100.0)	1.2	33(16.1)	0.6

출처: 통계청(2012). 베이비부머 및 에코세대의 인구·사회적 특성-2010년 인구주택총
조사 중심으로.

3) 가족관계

가족관계란 가족을 이루고 있는 가족 구성원들 사이에서 나타나

는 인간관계를 지칭한다. 가족관계에는 권력구조나 역할구조 등과 같은 사회적 관계와 가족 구성원 개개인 간에 나타나는 애정이나 미움 등과 같은 심리적 관계가 포함된다. 따라서 가족관계란 가족 상호작용 속에서 나타나는 역동적 과정임과 동시에 가족행동의 총체라 할 수 있다(Mohamed et al, 1978; Welchman, 2011: 정순둘, 김예솔, 2014, p. 184 재인용). 한편, 가족관계 만족도란 가족관계 속에서 가족 구성원이 느끼는 전반적인 만족수준을 나타낸다. 가족관계 만족도가 중요한 이유를 가족자원이론은 다음과 같이 설명한다. 가족 구성원이 각각의 성원에게 문제가 발생할 경우 문제해결을 위한 중요한 자원이 되기 때문이며, 가족관계 만족도가 높을수록 스트레스에 대한 적응력이 높아지며, 우울과 같은 정신건강이나 가족 내 부적응 등의 상태를 예방하는 데 도움을 줄 수 있기 때문이다(유정현, 성혜영, 2009; 윤지은, 전혜정, 2009).

이러한 가족관계는 은퇴를 경험한 중년층, 특히 베이비부머에게 매우 중요한 요소가 된다. 베이비부머의 가족관계 만족도를 살펴보면 〈표 2-2〉와 같다. 이 자료에 의하면, 베이비부머 전체 응답자 1,021명 중 만족한다는 응답이 85%로 가장 많았으며, 매우 만족한다는 응답은 9.5%, 불만족한다는 5.5%로 나타났다. 베이비부머가 가족관계에 대하여 대부분 만족하고 있는 것을 확인할 수 있다. 이러한 결과는 베이비부머 가족의 만족도에 관한 선행연구(보건사회연구원, 2010)의 결과와 일치하는 것이다.

〈표 2-2〉 베이비부머의 가족관계 만족도   (단위: 사례 수, %)

전체 사례 수	가족관계 만족도		
1,021 (100%)	불만족	만족	매우 만족
	56(5.5%)	868(85.0%)	97(9.5%)

출처: 김미혜, 정순둘(2010). 베이비부머와 예비노인의 노후준비 실태조사자료.분석결과
      한국연구재단 기초연구 과제지원사업.

〈표 2-2〉에서 사용한 것과 같은 자료를 사용하여 가족관계 만족
도를 배우자, 부모, 배우자의 부모, 자녀와의 만족도 그리고 전반적
만족도 등 5개 문항을 합산하여 산출한 결과는 〈표 2-3〉에서와 같
이 3.04로 나타났다. 서울시복지패널에서의 50대의 가족관계 만족
도가 3.70이고, 국민노후보장패널에서 제시한 45세 이상 64세 이
하의 가족관계 만족도가 3.59인 것에 비해(김미혜, 정순둘, 2010) 다
소 낮은 수치다.

〈표 2-3〉 베이비부머, 예비노인의 가족관계 만족도

변수		베이비부머
		평균(SD)
가족관계 만족도	평균(SD)	3.04(0.38)

출처: 김미혜, 정순둘(2010). 베이비부머와 예비노인의 노후준비 실태조사자료. 분석결과
      한국연구재단 기초연구 과제지원사업.

4) 부양에 대한 태도

부양은 부모 부양과 자녀 양육으로 나누어 살펴볼 수 있다. 노년

기 부모와의 관계에서 부양은 결혼관계의 잠재적인 긴장과 갈등의
요인이 되며(Brody et al., 1984; Gilford, 1986; 김명자, 1991: 이은아,
2007, p. 5 재인용), 이를 '2차적 스트레스 요인(secondary stress-
or)'이라고 한다(Semple, 1992). 이는 아직 우리 사회가 혈연에 의
한 비공식적 노부모 부양이 대부분의 부양형태이기 때문에 나타나
는 현상으로 볼 수 있다(엄명용, 2001). 자녀양육의 경우에도 자녀를
대학까지 공부시키기 위해 필요한 비용이 지속적으로 증가하고 있
으며, 청년 취업난과 만혼 증가로 인해 자녀의 독립이 늦어지는 등
많은 어려움이 나타나고 있다.

  우리나라 베이비부머의 부모 부양에 대해 부양 가치관과 형태를
통해 살펴보면 다음과 같다. 먼저, 부모 부양에 대한 가치관에서는
자녀가 부모를 부양해야 한다는 전통적인 생각이 1998년 89.9%에
서 2010년에는 36%로 크게 줄어들어 가족중심의 가치관이 개인
중심의 가치관으로 변해 가고 있는 것으로 나타났다(정순둘, 2011).
다음으로 부양형태의 경우 한국보건사회연구원(2010)의 발표에 따
르면 부모 또는 배우자의 부모 중에서 한 명 이상이 생존해 있는 베
이비부머 중에서 부모세대에게 경제적 부양을 제공하고 있는 이들
은 전체의 87%에 달하는 것으로 나타났다. 또한 한국노동연구원의
노동패널을 통해 살펴본 베이비붐세대의 부양부담에 대한 연구에
서는 부모세대와 함께 동거하지 않는 베이비부머의 경우에도 전체
의 55.3%가 현물 또는 현금 형태의 경제적 지원을 하고 있는 것으
로 나타났다(김지경, 2010). 즉, 우리나라의 베이비부머는 부모와 함
께 동거하지 않더라도 비교적 빈번한 교류를 하며 경제적인 부양을

제공하는 비율이 높음을 의미하는 것이다. 또한 베이비붐세대의 부모 부양부담을 친부모와 배우자의 부모와 나누어 비교한 결과, 〈표 2-4〉와 같이 나타났다. 배우자 부모보다 친부모에 대한 부양부담이 다소 높은 것으로 나타났으나 이는 통계적으로 유의하지 않았다.

다음으로 자녀양육에 대한 부담을 부모 부양과 비교한 결과, 부모 부양에 비해 자녀양육에 대한 부담이 더 큰 것으로 나타났다. 이는 베이비붐세대의 자녀 대부분이 아직 학생이라서 자녀에 대한 교육비 지출이 많기 때문으로 해석된다. 그러나 베이비부머의 경우 자신의 노후에 관해서는 후세대가 책임져 주어야 한다는 기대를 갖고 있지 않은 것으로 나타났다(정경희, 2011).

〈표 2-4〉 부모 부양 및 자녀양육 부담 수준

변수		베이비붐세대(평균, SD)
부모 부양부담	친부모	2.87(0.65)
	배우자 부모	2.82(0.67)
자녀 양육부담		3.15(0.99)

출처: 정순둘, 이현희(2012). 가족특성과 노후준비의 관계: 베이비붐세대와 예비노인세대의 비교. 노인복지연구, 58, 209-231.

이와 같이 노부모세대의 부양에 대해서는 유교적 가치관과 효 사상에 근거하여 부양책임 의무감을 강하게 가지고 있는 반면, 자신의 노년을 자녀에게 의지하고자 하는 의존도는 비교적 낮음을 확인할 수 있다(정경희, 2012; 정순둘, 김예솔, 2014; 정순둘, 이현희, 2012).

5) 성역할 태도

부부간의 성역할 태도는 한 개인이 자신이 속해 있는 문화권 영역에서 남자 또는 여자로서 특징이라 불리는 여러 자질 혹은 성유형화 과정을 통하여 성별에 따라서 습득하게 되는 성격특성이나 태도, 행동, 선호경향 등을 총체적으로 일컫는 개념이다(옥선화, 정민자, 1984). 성역할 태도는 다수의 연구에서 가족 간의 관계만족도에 영향을 미치는 중요한 요인으로 나타나(윤경자, 1997; 이은주, 2010; 전혜성, 서미아, 2012; 정순둘, 김예솔, 2014), 부부뿐만 아니라 가족 구성원 전체의 가족관계를 위해 고려해야 할 요소라고 볼 수 있다.

성역할 태도는 두 가지의 유형으로 나누어 살펴볼 수 있는데, 사회적 역할 구분에 의해서 남성과 여성의 역할을 양극으로 분리하는 입장을 전통적인 성역할 태도라 하며, 부부의 역할을 남성과 여성으로 나누어 고정시키지 않고 융통성을 두어 함께 수행하는 역동성에 중점을 두는 경우는 근대적 성역할 태도로 규정한다(김영주, 1990).

베이비붐세대의 성역할 인식을 살펴보면 〈표 2-5〉와 같다. 베이비붐세대와 그들보다 먼저 태어난 예비노인세대의 부부 성역할 태도를 비교한 결과, 베이비부머의 성역할 인식이 2.92로 나타나 비교적 공평한 남녀 역할을 보여 주는 근대적 성역할 태도를 가지고 있는 것으로 나타났다. 또한 다른 연구에서도 베이비부머는 집안일을 공평하게 부담하며 재산을 공동관리하고 주택을 공동명의로 한다고 보고하였다(김미혜, 문정화, 신은경, 2012). 이들의 연구에서 베이비부머는 비교적 공평한 성역할을 추구하는 근대적 성역할 태도를 가지고 있다는 연구결과를 보였는데, 이는 연령이 높은 층에 비해서 연령이 낮을수록 성역할 인식이 남녀 평등적이라는 연구결과와 일치한다(오현이, 2000). 베이비붐세대는 노인층에 비하여 근대적인 성역할 태도를 가진다고 볼 수 있다. 그러나 이와는 달리 예비노인세대의 성역할 태도는 상대적으로 전통적인 것으로 나타났다.

〈표 2-5〉 부부의 성역할 인식

변수	베이비부머	예비노인	t-test
	평균(SD)	평균(SD)	
부부 성역할 인식	2.92(0.48)	2.86(0.49)	-2.654**

*p＜0.05, **p＜0.01, ***p＜0.001
출처: 정순둘, 김예솔(2014). 베이비부머와 예비노인의 가족관계 만족도 영향요인: 성역할인식과 부양부담의 영향을 중심으로. 한국가족관계학회지, 18(4), 191-197.

3. 관련 정책, 서비스, 제도

1) 건강가정지원센터 '중년기 부부를 위한 프로그램'

베이비부머만을 지칭하여 이들의 가족관계 증진을 위해 실시되고 있는 프로그램은 찾아보기 어렵다. 중년층을 대상으로 확대하여 살펴보면 2015년 현재 여성가족부에서 실시하고 있는 중년기 부부 가족을 위한 서비스를 찾아볼 수 있다. 전국 151개의 건강가정지원센터(2015. 4. 기준, 보건복지부 홈페이지 참조)에서 제공하는 생애주기별 가족생활교육 서비스로 중년기 부부를 위한 프로그램이 개설되어 있다.

생애주기상 중년기 후반에는 직업을 갖고 사회조직과 활발하게 관계를 맺던 사회생활에서 한발 물러나게 되는 은퇴를 겪게 되면서 경제적 수입이 줄어들게 된다. 또한 함께 살았던 자녀가 취업 및 결혼 등의 이유로 독립하면서 가족의 주거형태가 변화함에 따라 심리적 외로움과 상실감으로 '빈둥지증후군(empty nest syndrome)'을 경험하기도 한다. 따라서 건강가정지원센터에서는 중년기 부부의 주요한 사건 중 하나인 은퇴를 축으로 부부에게 현재의 관계를 개선하고 강화하며 유지시켜 나가도록 은퇴적응과 부부관계, 자녀와의 관계를 내용으로 프로그램을 실시하고 있다(박정윤 외, 2014).

프로그램의 형식은 전국의 건강가정지원센터마다 집단상담이나 강의, 개인상담 등 각각 다른 형태의 프로그램을 진행하고 있으며, 프로그램의 신청자는 자율적으로 지원하여 참여할 수 있도록 하고 있다. 이와 유사한 형태로 지역사회복지관에서도 중년기 대상자를 위한 부부관계 개선 프로그램이나 교육프로그램 등을 실시하고 있는데, 대부분 해당 기관의 자율성에 의지하고 있기 때문에 일시적인 프로그램인 경우가 많다.

2) 저출산 · 고령사회 기본계획

지난 2010년 우리나라는 제2차 저출산 · 고령사회 기본계획을 발표하였다. 저출산·고령사회 기본계획은 출산율이 낮고 점점 노화해 가는 사회에 대응하는 정책을 포함하는 것으로 곧 노인층에 접어들 세대에 대한 대책방안도 포함되어 있다. 그 내용은 고령사회에 대한 대응체계를 확립하고 점진적인 출산율 회복을 통하여 저출산·고령사회에 효과적으로 대응하고자 '출산과 양육에 유리한 환경조성' '고령사회 삶의 질 향상 기반 구축' '성장동력 확보 및 분야별 제도 개선' 등을 추진과제로 하고 있다.

이 중 '고령사회 삶의 질 향상 기반 구축' 대책방안은 거대한 인구집단인 베이비붐세대가 노인층 진입을 앞둔 것에 대한 대응체계를 마련하고, 그들의 안정되고 활기찬 노후 생활을 보장하며 고령친화 사회환경을 조성하는 것을 목표로 하고 있다. 저출산·고령사회 기본계획 수립뿐만 아니라 국민연금공단에서의 노후상담서비스, 한국노인인력개발원의 베이비부머종합정보포털 개설, 농림축산부와 농림수산식품 교육문화정보원의 귀농귀촌종합센터 운영 등 몇몇 정책및 서비스들이 제시되고 있으나 대부분 은퇴 후 경제적·신체적 노후생활에 대한 사항들로 이루어져 있을 뿐 베이비부머의 가족에 대한 정책 및 서비스는 찾을 수 없다.

우리 사회에서 10여 년 전부터 베이비부머의 노인층 진입으로 인해 급격한 사회의 고령화 현상에 대한 문제가 제기되어 왔으며, 사회적 개입 필요성을 인식하고 있었으나 정부부처 및 민간 복지서비스 기관에서의 베이비부머 가족단위를 위한 정책이나 서비스는 미비하다는 것을 보여 주는 안타까운 현황으로, 이에 대한 보완책이 시급하다는 점을 시사한다.

4. 미래 대응 방안

1) 1인 가구를 위한 방안

앞서 가구형태를 살펴본 결과, 과거에 비해 3세대 가구의 유형 비율은 줄어들고 2세대 가구와 1세대 및 1인 가구의 비율이 증가하고 있는 것으로 나타났다. 이는 가구 구성원 형태에 있어서의 패러다임의 변화를 의미하며 이에 대한 대응 방안이 필요하다는 점을 시사한다. 현재 자녀와 부부로 구성된 2세대 가구유형이 가장 많은 베이비부머는 곧 노년기로 접어들면서 자녀세대의 취업 및 결혼 등으로 1세대 가구유형이 될 가능성이 높다. 또한 향후 배우자의 사별 등의 이유로 1인 가구가 될 가능성도 증가한다.

1인 가구의 증가는 곁에서 지지체계가 되어 줄 가족의 접근성이 낮아지는 것을 의미한다. 가족과의 교류 증대를 통하여 1인 가구 구성원의 삶의 질을 높일 필요가 있으며, 가족 외의 사회적 지지체계도 필요하다. 이처럼 핵가족화되어 가는 베이비부머의 가구형태를 고려하여 공공부문에서의 정서적 지지체계 확립 및 응급상황에 대비한 시스템 마련이 시급하다. 현재 마련된 지지체계로는 독거노인 종합지원센터가 있어 1인 독거 가구에 대한 안전서비스 등을 제공하고 있지만, 대부분 저소득층을 대상으로 하고 있어 일반인들은 서비스를 제공받기 어려운 상황에 놓여 있다. 따라서 1인 가구는 모두 소득수준에 관계없이 서비스 대상이 될 수 있도록 하는 것이 바람직할 것이다.

2) 부부 가구를 위한 방안

대부분의 사기업들의 은퇴연령이 55세이며 공기업 및 기관의 경우 60~65세인 것을 감안한다면 현재 베이비부머들은 사회활동에서의 은퇴를 앞두고 있다. 이러한 이유로 보건복지부 및 국민연금관리공단 등 공공부문 및 복지서비스 기관에서는 이들의 은퇴 이후의 삶을 위한 프로그램과 서비스들이 제공되고 있으나 경제적인 은퇴설계가 대부분을 차지한다. 하지만 은퇴 이후의 삶은 소득의 감소라는 중요한 변화를 가져옴과 동시에 생애주기상 자녀의 독립으로 인해 부부가 함께하는 시간 또한 증가하기 때문에 부부체계와 같은 가족관계에 대한 미래 설계도 매우 중요한 부분이 될 수 있다.

남성과 여성의 역할을 노동시장에서의 경제활동과 가정에서의 가사노동으로 나누는 성역할 구분에 기반한 일상을 경험해 왔던 베이비붐세대의 가족에게 있어서 은퇴로 인한 가족시간의 확대는 상당히 큰 변화가 될 수 있다(통계청, 2009). 그러므로 이러한 가족구조의 변화에 부부가 잘 적응할 수 있도록 베이비부머의 남성과 여성의 성역할 인식의 차이점을 고려한 사회복지적인 실천적 접근이 중요하다.

이러한 중요성에도 불구하고 베이비부머의 부부체계를 위한 사회적 서비스는 건강가정지원센터에서 실시하는 중년기 부부를 위한 프로그램 및 지역사회복지관에서 일시적 · 산발적으로 실시하는 프로그램이 전부인 것으로 나타났다. 이러한 프로그램은 베이비부머의 욕구를 채우기에는 턱없이 부족하며 그에 대한 실효성 또한 정확히 알려진 바가 없다. 따라서 지역사회의 서비스 제공기관에서 베이비부머가 속한 중·장년층 그리고 신노인층을 대상으로 한 부부 프로그램 도입 등 이들의 접근성을 높일 필요가 있을 뿐만 아니라 현재 시행되고 있는 프로그램의 효과성 평가를 통한 보완작업 등의 지속적 관리체계가 필요할 것으로 보인다.

3) 부양부담에 대한 방안

사회적으로 부양부담 스트레스와 이로 인한 비도덕적인 사건을 종종 뉴스에서 접할 수 있다. 특히 노부모세대를 부양하고 있는 베이비부머의 경우에는 머지않아 이들 역시 노인이 되기 때문에 노인이 노인을 돌보게 되어 부양부담이 더 커질 것으로 예측된다. 따라서 베이비부머의 특성을 고려한 체계적인 부양부담완화정책이 필요하다. 현재 국민건강보험공단에서는 노인장기요양 서비스를 통해 노인가족의 부양부담을 완화하고자 하고 있다. 그러나 노인장기요양보험에는 여전히 많은 사각지대가 존재하고 있으며, 서비스 적절성의 불완전함, 부양부담을 가지고 있는 부양자에 대한 서비스의 미비 등 약점을 가지고 있으므로 이를 보완하기 위한 노력이 있어야 할 것이다.

[참고문헌]

김지경(2010). 베이비붐세대의 경제적 부양부담. **월간노동리뷰**, 2010(6), 21-
36.

김두섭, 김정석, 송유진, 최양숙(2005). 가족구조와 관계의 변화 및 전망. **경제
인문사회연구회 협동연구총서**. 서울: 정보통신정책연구원.

김명자(1991). 중년기 부부의 가족 스트레스에 대한 대처양식과 위기감. **대한가
정학회지**, 29(1), 203-216.

김미령(2008). 노인의 부양의무기대, 부모역할만족 및 자녀결속력이 우울 및
삶의 만족도에 미치는 영향. **한국가족복지학**, 24(단일호), 161-188.

김미혜, 문정화, 신은경(2012). 베이비부머의 부부관계 특성이 노후준비에 미
치는 영향 연구-예비노인과 비교를 중심으로. **가족관계학회지**,17(3),
211-239.

김미혜, 정순둘(2010). 베이비부머와 예비노인의 노후준비 실태조사자료. **한국
연구재단 기초연구 과제지원사업**.

김승권(2006). 가족특성별 기능수행 수준과 가족정책 방안. **한국사회학회 기획
학술회의**, 3-11.

김영주(1990). 부부의 성역할 성향이 가족구매행동에 미치는 영향. **한양대학교
석사학위논문**.

김종숙(1987). 한국 노인의 생활 만족에 관한 연구. **이화여자대학교 박사학위
논문**.

김지경(2010). 베이비붐세대의 경제적 부양 부담. **노동리뷰**, 63, 21-36.

대한민국정부(2010). **제2차 저출산·고령사회기본계획**. 서울: 대한민국정부.

문소정(2008). 한국가족 다양화 담론의 다양성에 대한 비판적 고찰. **아시아여성
연구**, 47(2), 73-107.

박이택(2014). 20세기 언양지역에서의 노년인구의 가족형태-언양읍 제적부와
재제부의 분석. **대동문화연구**, 87, 279-321.

박정윤, 이희윤, 한은주(2014). 은퇴 전·후 중년기 부부관계강화를 위한 프로
그램 개발 및 효과성 검증에 관한 연구. **한국가족자원경영학회지**, 18(3),
117-133.

엄명용(2001). 가족(성인자녀)에 의한 노인부양의 종류와 정도에 영향을 미친
이전(원) 가족관계 양상 분석 및 개입전략의 제시. **한국사회복지학**, 47,
205-242.

여성가족부(2014. 7. 4.). 베이비부머의 인생 2막을 돕는다! 〈서울인생이모작
   지원센터〉.

오현이(2000). 자궁적출술을 받은 여성과 남편의 성역할 태도와 우울과의 관
   계. 한국모자보건학회지, 4(1), 103-115.

옥선화, 정민자(1984). 가족스트레스와 사회심리학적 가족자원에 관한 연구.
   한국가정관리학회지, 2(1), 79-92.

유정현, 성혜영(2009). 노년기 우울에 대한 가족관계 만족도의 중재효과. 한국
   노년학, 29(2), 717-728.

윤지은, 전혜정(2009). 중고령자의 경제활동 상태와 정신건강: 소득수준과 가
   족관계 만족도의 매개효과검증. 한국노년학, 29(2), 743-759.

이금재, 박혜숙(2006). 재가 도시노인의 주관적 건강상태, 우울, 일상생활수행
   능력에 관한 연구. 여성건강간호학회지, 12(3), 221-230.

이기숙(1984). 가족주기에 따른 부부 적응의 변화. 부산여대 논문집, 17, 601-
   617.

이은아(2007). 중년기 남성의 가족 및 직업관련 변인과 생활만족도의 관계. 한
   국생활과학회지, 16(3), 547-562.

이은주(2010). 결혼이주여성 남편의 문화적 민감성, 부부의사소통, 성역할 태
   도가 결혼만족에 미치는 영향: 남편대상 프로그램 내용을 중심으로. 사회
   과학연구, 26(4), 45-71.

전혜성, 서미아(2012). 중년기 부부의 부부권력 및 성역할 태도가 결혼만족도
   에 미치는 영향. 한국콘텐츠학회논문지, 12(4), 349-357.

정경희(2011). 베이비붐세대의 제특성 및 복지욕구. 보건복지포럼, 174, 5-10.

정경희(2012). 베이비부머의 가족생활과 노후생활 전망. 보건복지포럼, 187,
   40-49.

정순둘(2011). 타연령층과 비교한 베이비붐세대의 가족특성. 제7차 베이비붐세
   대 미래구상포럼 자료집, 41-76.

정순둘, 김예솔(2014). 베이비부머와 예비노인의 가족관계 만족도 영향요인:
   성역할인식과 부양부담의 영향을 중심으로. 한국가족관계학회지, 18(4),
   191-197.

정순둘, 이현주(2010). 외국인 며느리를 둔 시어머니의 적응과정 경험에 관한
   현상학적 연구-서울지역을 중심으로-. 한국가족복지학, 28, 5-36.

정순둘, 이현희(2012). 가족특성과 노후준비의 관계: 베이비붐세대와 예비노인
   세대의 비교. 노인복지연구, 58, 209-231.

통계청(2009). 향후 10년간 사회변화 요인분석 및 시사점. 대전: 통계청.

통계청(2012). 베이비부머 및 에코세대의 인구·사회적 특성-2010년 인구주

택총조사 중심으로. 대전: 통계청.

한경혜, 최현자, 은기수, 이정화, 주소현, 김주현(2011). Korean Baby Boomers in Transition: 한국의 베이비 부머 연구.

한국보건사회연구원(2010). 베이비 부머의 생활실태 및 복지욕구. 세종: 한국보건사회연구원.

Bouvier, L. F., & De Vita, C. J. (1991). The Baby Boom-Entering Midlife. *Population Bulletin, 46*(3), 2-35.

Brody, E. M., Johnsen, P. T., & Fulcomer, M. C. (1984). What should adult children do for elderly parents? Opinions and preferences of three generations of women. *Journal of Gerontology, 39*, 736-746.

Gilford, R. (1986). Marriages in later life. *Generations, 10*, 16-20.

Jeong, E. A. (2008). The relationship between mothers' marital satisfaction and parental satisfaction depending on the number of children. Master's thesis. Seoul: Chongshin University.

Miller, D. A. (1981). The sandwich generation: Adult children of the aging. *Social Work, 26*, 419-423.

Orther, D. K. (1981). *Intimate relations: An introduction to marriage and the family.* Reading, MA: Addison-Wesley.

Semple, S. (1992). Conflict in Alzheimer's caregiving families: Its dimensions and consequences. *Gerontologist, 32*, 648-655.

Vaillant, C. O., & Vaillant, G. E. (1993). Is the U-curve of marital satisfaction an illusion? A 40-year study of marriage. *Journal of Marriage and the Family,* 230-239.

03

베이비부머의
경제적 특성

[03]
베이비부머의 경제적 특성

1. 들어가는 말

베이비붐세대는 그 이전 세대인 현재 노인과 다른 특성을 가지고 있으며, 이는 경제적인 부분에서 두드러진다. 베이비부머는 그 이전 세대가 주로 농업에 종사한 것에 비해, 주로 도시화된 사회에서 직장을 가지고 급여를 받아 생활하는 것에 익숙하다. 농업은 그 특성상 건강상의 문제가 없으면 은퇴라는 연령이 정해져 있지 않지만, 직장은 은퇴연령[1]이 있어서 퇴직으로 인한 변동이 삶의 패턴을 크게 변하게 한다. 은퇴 이후의 베이비부머는 급여단절로 중요한 소득을 상실하게 되며, 당장 생계에 어려움을 겪을 수 있다. 부모로부터 물려받은 재산을 바탕으로 나온 소득보다는 대부분 취업에 의한 근로소득에 의존하고 있어 기본적으로 고용 상태에 민감할 수밖에 없다.

우리나라 베이비붐세대의 40.6%가 성공적인 노후조건을 경제적

---

1) 여기에서 언급하는 은퇴연령은 최종적으로 경제활동을 중단하는 실질적인 은퇴연령보다는 실직에 가깝다.

인 안정과 여유로 인식하고 있으나, 은퇴 후 예상하는 가장 큰 어려움으로 31.8%가 경제난을 걱정하고 있다(보건복지부, 2011a)는 것은 그만큼 노후 경제가 중요함을 반증한다. 2015년 현재 52~60세인 베이비부머가 본격적으로 노인이 되는 5~13년 후에는 이들의 경제 상황이 비단 당사자들만의 문제가 아니라 사회에도 큰 영향을 미칠 것으로 예상된다.

이 장에서는 노인으로 가는 전단계로서 베이비부머의 경제적 특성을 자세히 알아보고, 이에 대한 현재의 사회복지 제도와 사회서비스에 대해 알아보고자 한다. 마지막으로 베이비붐세대가 노인세대가 되었을 때 독립적으로 자신의 삶을 영위할 수 있도록 지원하기 위한 미래의 대응 방안에 대해 제언해 보고자 한다.

2. 경제적 현황

베이비부머가 자신의 노후에 대한 준비를 하지 않으면 전적으로 국가에 의존할 수 있는 위험요인이 되고, 결과적으로 이들이 본격적으로 노인세대로 편입되는 시점에는 복지비용이 기하급수적으로 늘어날 수밖에 없다. 이러한 위기의식은 베이비붐세대 당사자뿐 아니라 사회가 함께 공감하고 있으나 현재 베이비부머의 개인 및 사회적 차원의 노후준비 상황을 보면 그리 좋지 않은 상황이다. 베이비부머의 경제적 상황을 소득/자산, 고용, 노후준비의 세 가지 측면으로 좀 더 자세히 살펴보고자 한다.

1) 소득/자산

(1) 소득과 지출

베이비부머의 월평균 총 가구소득은 평균 4,480,700원(2010년 기준)으로 나타났다. 〈표 3-1〉에서와 같이 이 중 200~400만 원 미만의 가구가 전체 가구의 1/3로 가장 높았으며, 그다음이 400~600만 원으로 나타났다(정경희, 오영희, 이윤경, 박보미, 2011). 이는 65세 이상 노인 가구의 월 평균소득이 1,802천 원(2010년 기준)인 것(정경희 외, 2012)에 비해 2.5배 정도 높았다. 베이비부머의 소득은 아직 은퇴하기 전의 소득이 반영된 것으로 볼 수 있어, 은퇴 이후 노인으로 갈수록 점차(혹은 급격히) 줄어들게 될 것으로 예상된다.

〈표 3-1〉 베이비부머의 월평균 총 가구소득 (단위: %, 명)

200만 원 미만	200~400만 원 미만	400~600만 원 미만	600만 원 이상	계
15.9	34.1	28.3	21.7	100.0(3,026)

출처: 정경희 외(2011). 베이비부머의 삶의 다차원성에 관한 연구, p. 232에서 재구성.

가구소득을 가구원 수에 따라 나눈 결과는 〈표 3-2〉에서와 같이 1인당 평균 2,406,400원으로 나타났다. 1인당 100~200만 원 미만이 가장 높게 나타났으며, 그다음이 200~300만 원 미만으로 나타났다(정경희 외, 2011).

〈표 3-2〉 베이비부머의 월 평균 가구소득(가구원 수에 따른 균등화)

(단위: %, 명)

100만 원 미만	100~200만 원 미만	200~300만 원 미만	300만 원 이상	계
9.7	36.4	30.6	23.3	100.0(3,019)

출처: 정경희 외(2011). 베이비부머의 삶의 다차원성에 관한 연구, p. 232에서 재구성.

　　베이비부머의 월 평균 소비지출은 290.6만 원(정경희 외, 2010)
으로, 월 소득의 75.8%를 소비하는 것으로 나타났다(정경희 외,
2011). 가족 부양 등을 위해 필요한 비용이 많은 베이비붐세대의 상
황을 반영하는 것이라고 볼 수 있다.

　　베이비부머의 가구원 수에 따른 소득이 충분한지에 대한 분석을
하기 위해서는 그 가구가 처한 상황(부모 부양, 자녀의 독립 여부 등)
을 함께 고려하여야 한다. 베이비붐세대는 부모세대에 대해 경제적
인 부양의 책임을 가지고 있으나, 자신의 노후에 대한 부담은 자신
이 책임져야 한다는 의식도 함께 가지고 있다. 이는 베이비부머를
대상으로 한 생활실태조사에서도 확인할 수 있는데, 베이비부머의
51.7%가 자신들의 부모세대에 대한 경제적 부양의 책임이 자녀와
가족에 있다고 응답한 반면, 본인들의 노후에 대한 경제적 책임은
본인과 배우자가 54.6%, 연금 및 사회보험 그리고 국가의 비중이
38%라고 응답한 것에서 알 수 있다(정경희 외, 2010). 더욱이 베이
비부머의 자녀세대인 청(소)년들의 고등교육 진학률과 실업률이 높
아지면서, 자녀가 부모세대인 베이비부머에게 경제적으로 의존하는
추세가 계속되고 있다. 이러한 상황은 이중/삼중의 부담이 되어 베

이비부머의 경제적인 부담을 가중시키고 있어 각 가정의 상황에 따른 보다 세밀한 연구가 필요하다.

(2) 자산과 부채

베이비부머는 급격한 도시화로 인한 부동산 개발과 이로 인한 부동산 가격 폭등을 경험하며 부동산불패라는 신화를 가지고 있는 세대로, 베이비부머의 자산은 대부분 부동산(전체 보유자산의 76%)이다(보건복지부, 2011c). 베이비부머의 자산 중 부동산 비율이 높은 것은 사회적으로 위험요인이 될 수 있다. 베이비부머가 노인이 되면 자녀가 독립하는 '빈 둥지' 효과가 나타날 수 있으며, 은퇴로 인해 소득이 줄어드는 상황에서 사회적인 보장도 충분하지 않기 때문에 주요 자산인 부동산의 규모를 줄여 동산화할 가능성이 높다. 일본의 경우 베이비부머의 은퇴와 함께 부동산 가격의 폭락을 불러오면서 전반적인 경기의 장기침체가 된 사례가 있어 우리나라에서도 같은 일이 일어날 가능성에 주목하고 있다(박정기, 노영학, 2012).

베이비부머의 자산규모를 〈표 3-3〉에서 보면 가구당 평균 3억 6천 4백만 원을 보유하고 있으며, 1~3억 미만이 31.7%로 가장 높게 나타났고, 1억 미만이 29.2%, 5억 이상이 23.2%, 3~5억 미만이 15.9% 순으로 나타났다(정경희 외, 2011). 베이비부머의 자산규모(평균 3억 6천 4백만 원)는 65세 이상 노인(부동산 평균 1억 3,760만원, 금융자산 평균 2,554만 원)의 자산에 비해 두 배 수준이다(정경희외, 2012). 베이비부머와 노인세대의 주요 자산이 부동산임을 전제로 살펴볼 때 베이비부머와 노인가구의 자산 차이는 부동산의 가격에 의한 것임을 알 수 있다.

〈표 3-3〉 베이비부머의 자산분포   (단위: %, 명)

1억 미만	1~3억 미만	3~5억 미만	5억 이상	계
29.2	31.7	15.9	23.2	100.0(3,019)

출처: 정경희 외(2011). 베이비부머의 삶의 다차원성에 관한 연구, p. 233에서 재구성.

　　자산의 현황을 알아보는 다른 지표로는 부채가 있다. 베이비부
머 중 부채가 없는 비율은 42.8%로 가장 높았으며, 자산대비 부채
비율이 30%미만이 36.1%, 30~60%미만이 12.2%로 나타났다. 자
산보다 부채가 높은 비율도 6.5%가 되는 것으로 나타났다(정경희
외, 2011). 반면, 65세 이상 노인은 71.6%가 부채가 없었다(정경희
외, 2012). 베이비부머의 평균 부채수준은 약 4,600만 원으로(정경
희 외, 2010), 65세 이상 노인의 부채규모인 1,149만 원(정경희 외,
2012)에 비해 약 네 배가량 높았다. 이를 분석해 보면 주거보유를 위
한 대출과 자녀교육, 결혼 등 상대적으로 큰 금액의 지출이 남아 있
는 베이비붐세대의 부채비율이 더 큰 것을 알 수 있다. 반면, 65세
이상의 경우 연령이 높을수록 자신의 생활비 마련을 위한 부채비율
이 높다(정경희 외, 2012). 노인의 경우 자신이 부양해야 하는 가족
의 수가 감소하는 반면, 은퇴로 인해 소득이 급격히 감소하는 상황
에서 발생하는 생계형 부채로 볼 수 있다.

2) 고 용

(1) 경제활동 비율

베이비부머의 일에 대한 태도를 살펴보면 70%가량이 노후에 일
하는 것이 중요하다고 생각하고 있었으며, 실제로도 79.6%의 높은
비율이 경제활동 중인 것으로 나타났다(정경희 외, 2011). 〈표 3-4〉
를 보면 베이비부머의 63.9%가 노후에도 경제활동을 하기를 희망
하고 있었으며, 성별 차이를 보면 남성의 경우 81.4%가 일자리를
희망하여 여성의 경우 48.1%보다 매우 높은 비율인 것으로 나타났
다(정경희 외, 2010).

〈표 3-4〉 베이비부머의 출생연도 · 성별에 따른 노후 일자리 희망여부

구분	전체	출생연도		성별	
		1955~ 1959년생	1960~ 1963년생	남성	여성
희망	63.9	64.2	63.5	81.4	48.1
비희망	36.1	35.8	36.5	18.6	51.9
계(명)	100.0 (3,027)	100.0 (1,633)	100.0 (1,394)	100.0 (1,433)	100.0 (1,594)

출처: 정경희 외(2010). 베이비부머의 생활실태 및 복지욕구, p. 219.

[그림 3-1]을 살펴보면 완전히 일에서 손을 떼는 실질 은퇴연령
은 71.1세로 다른 주요 OECD국가와 비교해 볼 때 매우 늦은 편이
다. 실질 은퇴연령이 늦은 가장 큰 이유로는 소득을 들 수 있다.

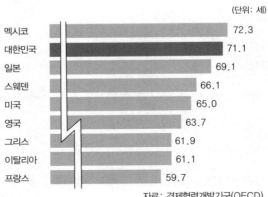

(단위: 세)

멕시코	72.3
대한민국	71.1
일본	69.1
스웨덴	66.1
미국	65.0
영국	63.7
그리스	61.9
이탈리아	61.1
프랑스	59.7

자료: 경제협력개발기구(OECD)

[그림 3-1] OECD 주요 국가의 실질 은퇴연령(2012년 기준)

출처: 조선일보(2014. 6. 3.) "가장 오래 돈 벌어야 사는 한국인… 정년퇴직해도 실질은퇴
는 71세."

이러한 사실은 사회보장 제도가 미흡하기 때문에 개인이 경제활
동을 유지함으로써 자신의 생활에 필요한 소득을 얻고 있다고 분석
할 수 있다.

저소득층뿐 아니라 중상층의 경우에도 소득은 경제활동의 가장
큰 이유가 된다. 물론 이 밖에도 건강, 자기발전과 여가 등의 다양한
이유가 있다. 노후에 경제활동을 희망하지 않는 이유로는 여가를 즐
기기 위해서가 69.0%로 가장 높게 나타났다. 여가에 대해 중요하게
생각하는 베이비부머의 특성을 반영하는 것으로 볼 수 있다. 한편,
베이비부머의 17.2%는 집안에서의 역할을 위해서 노후에 경제활동
을 희망하지 않는다고 응답하였다(정경희 외, 2011). 이는 자녀세대
의 맞벌이로 인한 손자녀 양육, 평균 수명 연장으로 인한 노부모 부
양 등의 가정 내 돌봄의 역할이 베이비붐세대의 중요한 역할 과업으

로 부각됨에 따라 나타나는 것으로 분석해 볼 수 있다.

(2) 고용상태

〈표 3-5〉를 살펴보면 현재 직업을 가지고 있는 베이비부머 중 1/3 정도가 상용직 임금 근로자로 가장 높은 비율로 나타났으며, 일용직 임금근로자 15.0%, 임시직 임금 근로자 13.4% 순으로 나타났다. 빈곤노동자에 포함되는 일용직과 임시직, 무급가족종사자가 전체 베이비부머 근로자의 36.6%를 차지하고 대부분이 영세업자인 단독자영업자까지 포함하면 59.1%를 차지하는 상황을 살펴볼 때 베이비부머의 현재 고용상태가 상당히 불안함을 알 수 있다.

〈표 3-5〉 베이비부머의 현 직업의 종사상 지위 (단위: %, 명)

상용직 임금근로자	임시직 임금근로자	일용직 임금근로자	고용주	단독 자영업자	무급가족 종사자	계
31.9	13.4	15.0	8.8	22.5	8.2	100(2,304)

출처: 정경희 외(2011). 베이비부머의 삶의 다차원성에 관한 연구, p. 244에서 재구성.

현재 50대인 베이비부머는 고용시장에서 은퇴의 압박을 가장 많이 받고 있는 세대이기 때문에 불안한 고용상태는 곧 갑작스러운 실직으로 이어질 수 있다. 그러나 가구소득에 있어서 근로소득에 대한 의존비율이 높은 베이비부머에게 실직은 곧 생계에 큰 타격이 되므로 결국 다시 노동시장으로의 재진입을 꾀하게 된다. 노동시장에의 신규 진입 시 종종 고령으로 인한 차별을 받고 있어 재진입 시에는 기존의 직업에 비해 더 열악한 형태로 진입할 가능성이 높다. 성별 간 차이를 살펴보면 은퇴 후 남성은 여성에 비해 직장유지 수준이 높았으며(최옥금, 2011: 정순둘, 박현주, 오은정, 2013, p. 295 재인용), 여성들은 저임금 직업군에 제한되는 경향이 나타났다(송다영, 김미주, 최희경, 장수정, 2011, p. 33).

3) 재정적 노후준비

베이비부머의 경우 노후준비를 해야겠다는 생각은 하고 있지만, 노후준비를 어떻게 해야 할지에 대한 구체적인 계획과 실행은 부족한 것으로 나타났다(박지숭, 2012). 노후생활의 질은 얼마나 노후준비를 했느냐에 따라 달라진다. 재정적 노후준비는 노인뿐 아니라 사회 전체에도 영향을 미칠 수 있으므로 노후준비 정도를 분석하여 재정적인 준비를 할 수 있도록 지원하는 것이 필요하다.

(1) 재무영역 노후준비 지표

국민연금공단과 보건사회연구원은 2011년 노후준비 종합 진단 프로그램 연구개발에서 노후준비 지표를 제시하면서 경제적(재무영역) 노후준비를 총 세 가지 영역, 10개의 문항으로 소개하고 있다(〈표 3-6〉 참조).

〈표 3-6〉 재무영역 노후준비 지표

영역	문항
준비여건	예상 은퇴연령
	향후 소득활동의 안정성
행태인식	제2의 일에 대한 준비
	장기저축 및 투자액 비율
	노후 필요 생활비에 대한 인식
자산현황	공적연금(국민연금)이 예상 수급액
	예상 퇴직연금 규모
	은퇴 시점에서 개인연금 규모
	연금을 제외한 금융자산
	부동산 중 노후자금으로 활용할 수 있는 금액

출처: 이소정 외(2011). 노후준비 종합 진단 프로그램 연구개발, p. 78에서 재구성.

일단 전체적인 점수를 살펴보면 베이비부머에 해당하는 연령인 50~59세의 경제적(재무영역) 노후준비 수준은 100점 만점에 66.4점으로 나타났으며, 60세 이상 연령의 평균 58.8점에 비해 상대적으로 높았다(이소정 외, 2011). 그러나 자신이 노후준비를 하고 있다고 응답한 수는 베이비부머가 73.9%로 다른 연령대에 비해 가장 높았으며, 60세 이상은 19.4%로 급격히 낮아진다(윤석명 외, 2011). 베이비붐세대는 실제 준비도에 비해 인식정도가 다소 높은 것을 볼 수 있으며, 상대적으로 60세 이상의 경우 실제 준비도에 비해 인식이 훨씬 낮다. 노후준비에 대한 인식과 실제 준비도 사이의 높은 간

극은 60세 이상의 노인들이 노후준비에 대한 개념이 명확하지 않아 자신이 보유하고 있는 것을 노후준비의 일환으로 인식하지 못하는 것으로 분석해 볼 수 있다.

(2) 재무영역별 노후준비 정도: 준비여건 영역

준비여건 영역은 예상 은퇴연령과 향후 소득활동의 안정성으로 구성되어 있는데, 먼저 예상 은퇴연령을 살펴보면 본인의 예상 은퇴연령을 보통 55~59세로 예상하는 사람들이 40.7%로 가장 높았으며, 60~64세가 27.8%로 대부분의 사람들의 예상은 50대 후반에서 60대 초반에 집중되어 있었다. 또한 향후 소득활동의 안정성에 대해서는 보통 36.4%, 비교적 안정적 31.2%, 그리고 비교적 불안정적이라는 응답이 21.6%로 가운데에 모여 있다(이소정 외, 2011). 이 두 항목은 베이비붐세대만을 대상으로 하지는 않았으나, 위의 결과는 현재 은퇴연령이 점차 짧아지고 있는 사회에 반하여 자신의 은퇴연령을 늦추고 싶은 마음이 반영된 것임을 생각해 볼 수 있다(이소정 외, 2011).

(3) 재무영역별 노후준비 정도: 행태인식 영역

다음으로는 행태인식 영역인데, 제2의 일에 대한 준비정도, 장기저축 및 투자액 비율, 노후 필요 생활비에 대한 인식으로 구성되어 있다.

우선 제2의 일에 대한 준비정도를 알아보기 위해 베이비부머 중 기업에 종사하는 재직자를 중심으로 알아본 결과, '진로전환 준비를 하고 있지 않다'는 비율이 61.9%였다. 베이비부머가 진로전환을 준비하지 않는 가장 큰 이유로 아직 전환여부에 대해서 결정을 내리지 못했거나 혹은 무엇을 어떻게 해야 할지에 대해서 알지 못하기 때문으로 나타났다(보건복지부, 2011b). 반면, 진로전환 준비를 하고 있는 사람 중에서는 소기업 종사자(22.5%)에 비해 대기업 종사자(52.4%)가 두 배 이상 높아 기업규모에 따라 차이를 보였다(보건복지부, 2011b). 대기업의 경우 빠르게 변화하는 시장의 변화에 더욱 민감하고 노동 유연성이 높기 때문에 진로전환에 대한 준비에 차이가 있는 것으로 보인다.

장기저축 및 투자액 비율을 알아보기 위해 베이비부머의 월수입 대비 저축 비율을 살펴본 결과, 평균 15.36%를 저축(정경희 외, 2011)하는 것으로 나타났고, 그 규모는 평균 74.9만 원이었다(정경희 외, 2011). 세부적으로는 월수입의 10~20%를 저축하는 베이비부머 인구 비율이 30%로 가장 많았고, 10% 미만인 경우가 22%, 20~30% 미만인 경우가 17.9%로 그 뒤를 이었다. 그러나 전혀 저축을 하지 못하는 경우도 17.6%로 나타나(정경희 외, 2011) 양극화 현상을 확인할 수 있다.

베이비부머는 노후에 필요한 생활비를 부부 기준으로 1,636,400원이라고 생각하고 있으며, 본인 기준으로는 987,000원을 생각하는 것으로 나타났다(윤석명 외, 2011). 베이비부머는 자신의 노후에 대해 자녀에게 기대고자 하는 비율이 낮았는데, 전체의 3.3%만이 자녀/가족이 노후생활비를 마련해 주기를 기대하고 있었다(정경희 외, 2010). 이는 이전 세대인 65세 이상 노인들의 14.2%에 비해서 상

당히 낮은 결과(정경희 외, 2012)로 부양에 대한 책임의식이 자녀
에서 본인으로 변화한 것을 보여 준다.

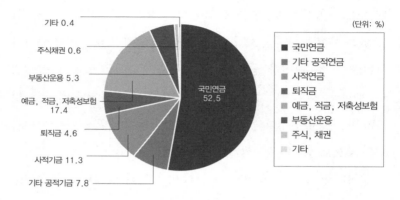

[그림 3-2] 베이비부머의 노후준비방법(2013년 기준)

출처: 통계청, e-나라지표. 노후준비방법.

(4) 재무영역별 노후준비 정도: 자산현황 영역

통계청(2013) 자료에 의하면, 베이비부머는 대다수가 공적연금
에 의지하고 있는 것으로 나타났다(통계청, e-나라지표).

현재 우리나라의 국민연금의 소득 대체율은 2015년 기준 46.5%
(슬로우뉴스, 2015. 6. 10.)로 OECD 평균(60.6%)에 비해 크게 낮
다(윤정득, 이현정, 2014). 공적연금 가입률을 살펴보면, 현재 연금을
불입하고 있다는 응답이 51.4%, 가입하였으나 미불입하는 상태가
12.3%, 미가입이 35.8%로 전체 베이비부머의 절반이 미가입 혹은
미불입 상태로 나타났다(정경희 외, 2011). 가장 심각한 것은 베이비
부머의 1/3이 국민연금의 혜택을 전혀 받지 못하는 미가입 상태라

는 것이다.

또한 퇴직연금의 경우 그 도입시기가 늦어, 베이비붐세대의 경우 퇴직연금의 혜택을 받는 경우가 드물며, 전체적인 규모로 볼 때 2012년 12월 말 현재 상용근로자 대비 46%만 가입한 상황이라 퇴직연금에 의한 노후 소득 확보는 매우 부족하다고 볼 수 있다(윤정득, 이현정, 2014). 일시금으로 받는 퇴직금의 경우에도 베이비부머의 36.3%가 중간정산을 받아 사용하였으며, 이는 주로 생활비 및 내구재 구입 비용으로 사용되었다. 타 연령층이 생활비 및 내구재 구입 비용으로 30% 정도를 사용하는 것에 반해 베이비부머는 그 비율이 45%로 높으며, 자녀교육 및 결혼준비 자금 등의 용도로 사용하였다(윤석명 외, 2011).

개인 노후연금은 본인 24.0%, 배우자 24.7%로 가입했다고 응답하여 공적연금에 비해 상대적으로 낮았다(정경희 외, 2011). 개인연금의 경우에는 소득수준에 따라 가입금액 및 가입여부가 영향을 받을 수밖에 없으며, 상대적으로 경제적 여유가 있는 베이비부머가 가입했음을 추론해 볼 수 있다.

3. 관련 정책, 서비스, 제도

1) 현재의 정책 방향

현재 우리나라는 5개의 국정목표를 가지고 다양한 정책을 추진하고 있다. 국정목표로는 '일자리 중심의 창조경제' '맞춤형 고용복지' '창의교육과 문화가 있는 삶' '안전과 통합의 사회' '행복한 통일시대의 기반구축'이 있으며, 그 아래 140개의 국정과제를 제시하였다. 〈표 3-7〉의 경제관련 국정과제는 베이비부머만을 대상으로 하지는 않았으나, 밀접한 관련이 있다고 판단하여 제시하였다.

〈표 3-7〉 경제관련 국정과제

전략	국정과제	세부내용
생애주기별 맞춤형 복지	국민중심의 맞춤형 복지 전달체계 개편	통합적 사회보장체계 구축 · 운영으로 국민 복지체감도 향상
	편안하고 활력 있는 노후생활 보장	노후 소득보장제도 정비 및 일자리지원 확대를 통해 노인 빈곤율 완화
자립지원 복지체계	장시간 근로 개선 및 정년연장 등 추진	장기간 근로관행 개선과 정년연장을 통해 일자리 창출 기반을 확충하고, 근로자의 삶의 질 향상
	사회서비스 활성화 및 일자리 창출	생애주기별 사회서비스 확대, 사회서비스 산업화 기반강화를 통한 평생 사회안전망 구축 및 사회서비스 일자리 창출

출처: 청와대 홈페이지.

생애주기별 맞춤형 복지라는 전략 아래에는 국정과제로 국민중심의 맞춤형 복지 전달체계 개편과 편안하고 활력 있는 노후생활 보장이 제시되어 있다. 국정과제의 세부내용에 따르면, 베이비부머의 소득 증대를 위해 사회보장체계 및 노후 소득보장제도, 일자리 대책 등 구체적인 정책을 제시하고 있어 현재 혹은 미래에 베이비부머의 경제적 안정을 가져올 것으로 기대된다.

자립지원 복지체계라는 전략 아래에는 장시간 근로 개선 및 정년 연장 추진과 사회서비스 활성화 및 일자리 창출 과제가 제시되어 있다. 정년연장은 현재 은퇴 압박을 받고 있는 베이비부머가 숙련된 노동자로서의 자신의 능력과 기술을 발휘하면서 보다 안정적인 소득을 유지할 수 있도록 하는 직접적인 정책이 된다. 사회서비스 활성화 및 일자리 창출을 통해서는 베이비부머의 재취업을 촉진시킬 수 있다.

    한편, 고령화 사회에 진입하면서 급속도로 증가하는 노인인구에 대한 국가적 대응이 필요하다는 요구에 의해 마련된 제1차 저출산 · 고령사회 기본계획(2006~2010년)에서는 노후소득보장을 위해 기초노령연금 수급자 비율을 높이는 것을 목표로 하였다. 기초노령연금 수급자는 2005년 14.2%에서 2010년 70%로 상승하였으나(보건복지부, 2010), 제1차 계획이 기초노령연금에만 편중되어 있어 베이비부머에 대한 경제적 안정과 관련한 종합적인 대응에는 부족함이 있었다. 제1차 계획이 65세 이상의 저소득 노인에 초점을 맞추었다면, 제2차 저출산 · 고령사회 기본계획(2011~2015년)의 핵심은 베이비붐세대 은퇴에 대비하여 이들의 특성에 맞는 적절한 정책적 대응 방안을 마련하는 것이었다(보건복지부, 2010). 베이비부머에게 노동 기회를 제공하고 연금제도를 내실화하며, 사전예방적인 건강관리체계를 구축하는 동시에 노후 설계서비스를 제공하고자 계획하였다.

    현재 수립 중인 제3차 저출산 · 고령사회 기본계획에서는 주로 저출산과 관련한 내용에 강조를 두어 청년일자리, 일 · 가정양립, 교육개혁, 신혼부부 주거 등의 내용이 강조되고 있으며(보건복지부, 2015. 5. 29.), 베이비붐세대와 관련한 대응은 2차 때와 크게 다르지 않을 것으로 예상된다.

2) 소득보장정책

1988년부터 국민연금제도, 2000년 기초생활보장제도, 2008년 기초노령연금제도가 도입됨에 따라 표면상으로는 국가의 노후소득 보장제도가 갖추어졌다. 이로 인하여 은퇴를 앞두고 있거나 은퇴를 한 베이비부머의 노후준비 여건은 이전 세대에 비해 좋아졌으나 전체적인 노후소득보장은 여전히 미흡하다. 베이비부머의 경우 국민 연금에 전적으로 의존하고 있고, 소득보장을 위해 추가로 필요한 개인연금과 퇴직연금의 가입률이 낮기 때문에 노후소득보장이 충분하다고 볼 수는 없다. 이를 좀 더 구체적으로 살펴보면 [그림 3-3]과 같다.

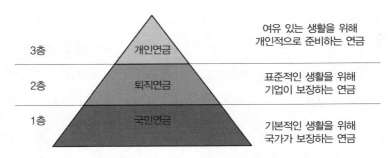

[그림 3-3] 노후3층 보장체제

출처: 국민연금 노후준비서비스 홈페이지.

노후소득보장을 위해서 우리나라는 '노후3층 보장체제(three-tier security system)'를 도입하고 있는데, 가장 기본적인 생활보장으로 국가에서 시행하는 국민연금(1층)이 있고, 표준적인 생활보장 차원으로 기업의 퇴직금 제도에 근거한 퇴직연금(2층), 개인의 저축으로 이루어지는 개인연금(3층)이 있다(국민연금공단, 2014).

국민연금을 수령하기 위해서는 10년 이상 연금보험료를 납부하여야 하며, 수급개시연령은 다음 표에 제시된 바와 같이 출생연도에 따라 달라진다(국민연금공단, 2015).

〈표 3-8〉 노령연금 수급개시연령

출생연도	수급개시연령		
	노령연금	조기노령연금	분할연금
1953~1956년생	61세	56세	61세
1957~1960년생	62세	57세	62세
1961~1964년생	63세	58세	63세
1965~1968년생	64세	59세	64세
1969년생 이후	65세	60세	65세

출처: 국민연금공단 홈페이지.

특수직역연금은 국민연금 외에 국가가 보장하는 연금으로, 최근 개혁을 논의하고 있는 공무원연금뿐 아니라 군인연금, 사립학교 교직원연금 등이 있다. 특수직역연금은 퇴직 전의 생활수준을 보장하기 위한 목적으로 설계되어 급여수준이 국민연금에 비해 높다(국민연금공단, 2014).

퇴직연금은 2005년 12월에 도입되었으며, 이후 노후의 소득보장 기능을 강화하기 위해 퇴직금을 단계적으로 폐지시키고 퇴직연금으로의 전환을 유도하고 있다. 가장 최근에 도입된 기초연금은 현세대의 노인빈곤문제를 완화하기 위해 만든 제도로 65세 이상의 노인을 대상으로 지급된다.

이 밖에 주택연금은 만 60세 이상의 고령자가 보유한 집을 담보로 연금을 받아 노후의 생활자금을 마련하는 방법으로 미국의 역모기지와 유사하다(한국주택금융공사 홈페이지). 그러나 아직까지 자녀에게 집을 물려주어야 한다는 의식이 강한 우리나라에서는 주택연금이 활성화되지 않고 있다.

3) 고령자 고용촉진제도

한국의 일자리 정책의 경우 노년세대를 위한 정책이 주로 많은 편이며, 베이비붐세대를 위한 일자리 정책은 별로 없는 실정이다(정경희 외, 2011).

일자리 관련법으로는 「고령자 고용촉진법」(1991)이 있는데 주로 일자리 유지를 위한 정부의 지원과 일자리 교육에 중점을 둔 법이다. 고령자 고용연장을 위한 방법으로 고용연장 지원금제도가 있는데, 기업이 기존의 정년을 폐지하거나, 만 60세 이상으로 1년 이상 연장한 사업장에서 18개월 이상 근무한 고령자를 정년연장으로 계속 고용하거나, 정년퇴직자를 3개월 이내 재고용한 사업주에게 지원한다.

맞춤형 고령자 전직 및 취업지원서비스 강화, 중고령자 적합형 일자리 창출 및 창업지원을 위해 2013년 인생이모작센터를 설립하여 신노년세대인 베이비부머의 취업, 창업, 공헌활동을 지원하고 있다. 지역사회에서의 일자리 사업은 주로 취약계층을 위한 정책으로 실시되고 있는데, 고용노동부의 경우 사회적 기업을 통한 일자리 사업 정책을 실시하고 있다(정경희 외, 2011). 문화체육관광부에서는 문화관광해설사 인증교육사업을 통해 일자리 창출에 노력하고 있다(문화체육관광부, 2012. 6. 15.). 이 밖에도 임금피크제, 보전수당 등 은퇴 후에도 지속적인 일자리를 위한 정책이 있다(최숙희, 2010).

4) 노인사회활동 지원사업

2015년부터는 기존의 노인일자리 사업을 개편 확대하여 노인사회활동 지원사업을 추진하고 있다. 노인사회활동 지원사업은 노인이 활기차고 건강한 노후생활을 영위할 수 있도록 다양한 사회활동을 지원하여 노인복지향상에 기여한다는 목적을 가지고 있다(보건복지부, 2015b). 노인일자리 사업은 그동안 양적으로 확대되어 왔으며, 지속적인 양적 확충 및 질적 고도화 정책, 일자리 사업 체계화를 꾀하고 있다. 2015년의 노인사회활동 지원사업은 공공분야(전국형, 지역형)와 민간분야(취업, 창업형) 일자리에 경력유지와 시니어직능클럽, 자원봉사 영역을 함께 포함하게 되었다. 기존에 노인일자리 사업이 가지고 있었던 단순한 소득보전 사업이라는 이미지에서 한 단계 나아가 사회참여의 성격을 더 강조한 것으로 볼 수 있다.

사업개편前		사업개편後	
명칭	노인일자리	노인사회활동(노인일자리) 지원	

유형	사회 공헌형	• 복지형(13개) • 교육형(12개) • 공익형(16개)	공익활동 *	• 전국형(전국공통, 1개 프로그램) • 지역형(지역선택, 30개 프로 그램)
	재능나눔활동		재능나눔 **	• 취약 · 학대노인 발굴, 교육 · 상담 등
	시장 진입형	• 공동작업형 • 제조판매형 • 인력파견형	취업 · 창업 ***	• 공동작업형, 제조판매형 • 고령자친화기업 • 인력파견형 ※취업지원센터(구인구직 포탈 중심) • 시니어인턴십(노인사회활동교 육센터 연계)
	대한노인회취업지원센터			
	시장 자립형	• 시니어인턴 • 고친기업 • 시니어직능		
			경력유지 ***	• 시니어직능클럽
	노인자원봉사		자원봉사 ***	• 사회복지시설 등 봉사

* 기초연금수급자(지역형 중 일부 프로그램은 2015년 한시적으로 만 65세 이상 기초연금
미수급자 참여 가능)
** 만 65세 이상 기초연금 미수급자(10만 원 미만 감액수급자도 포함)
*** 만 60세 이상 전체 노인

[그림 3-4] 2015 노인사회활동(노인일자리) 지원사업개편(안)

출처: 보건복지부(2015b). 2015 노인사회활동(노인일자리) 지원사업 종합안내.

5) 앙코르 프로젝트

보건복지부에서는 노령지식인 사회참여 사업으로 앙코르 프로
젝트를 추진하고 있다. 앙코르 프로젝트는 고학력 전문직에서 은퇴
한 인력을 대상으로 기본교육을 실시한 이후 비영리 기관에 투입하

는 사업이다(서울경제, 2010. 12. 21.). 참여할 수 있는 대상이 고학
력 전문직으로 한정되어 있어 일반적인 베이비부머를 제외하게 되
는 한계가 있다(정순둘, 이현희, 2012). 그러나 이러한 한계에도 불구
하고 능력 있는 베이비부머를 발굴하여 사회적인 기여를 할 수 있도
록 기회를 제공한다는 측면에서는 긍정적으로 평가해 볼 수 있다.

6) 노후준비를 위한 노후설계서비스

현재 노후준비를 위한 서비스로는 노후설계서비스가 있다. 노후
설계서비스는 노후준비에 관한 교육 및 상담 그리고 노후생활 설계
서비스를 하는 것이다. 주요 서비스로는 노후준비에 대한 정보제공
및 연계서비스이며, 그 외에도 베이비붐세대에 맞는 맞춤형 관리서
비스, 노후준비교육 그리고 전문가 상담서비스를 제공하고 있다. 국
민연금공단에서는 국민들이 노후를 충분히 준비할 수 있도록 도움
을 주기 위한 목적으로 전국 140여 개의 행복노후설계센터를 설치
하여 노후에 관한 상담을 진행하고 있다(보건복지부, 2011. 4. 14.).
노후준비를 위해 보건복지부에서는 일자리부터 주거까지 다룬『노
후불패』를 발간(보건복지부, 2012. 9. 26.)하여 일자리, 사회참여 및
여가, 건강, 연금, 노인주거복지시설 등에 관해 정부에서 지원하는
정책과 서비스를 제공하고 있다.

4. 미래 대응 방안

2016년부터 2020년은 현재 52~60세인 베이비부머가 본격적으로 노인이 되기 전에 사회의 부양부담이 낮은 마지막 5년으로 분석할 수 있는 만큼 앞으로의 베이비부머 대책은 매우 중요하다. 다른 베이비부머 대책도 중요하지만, 베이비부머의 재정 안정화 정책은 가장 기본이 된다고 볼 수 있다.

1) 국민연금제도의 안정화

소득 측면에서는 노후소득의 1순위 원천인 국민연금의 안정성과 지속성을 유지하는 것이 가장 큰 관건이다. 공적연금인 국민연금은 노후소득보장의 가장 기본이 된다. 베이비부머가 젊은 세대에 비해 국민연금에 대한 의존도가 높은데, 한 예로 최근 50대 여성 베이비부머를 중심으로 국민연금 임의가입을 통해 연금을 수령하고자 하는 움직임이 빠르게 증가하고 있는 모습이 나타나고 있다(국민연금공단, 2014). 현 노인들의 경제력은 노후연금 수령여부에 따라 크게 차이가 벌어질 것이다. 이에 비추어 볼 때 미래의 노인세대인 베이비붐세대의 연금가입률 향상은 고무적이다. 국민연금에 대해 지속적인 홍보를 통해 국민의 신뢰를 높여 가입률을 향상시키는 방안을 마련하여야 한다.

2) 정년제도와 임금피크제

정년까지 일을 하고자 하는 베이비붐세대의 경우 정년제도를 없애고, 능력을 발휘할 수 있을 때까지 일을 할 수 있도록 보장하는 노력이 필요하다. 현재 정년이 60세 이후로 연장되기는 했지만, 향후 정년제도는 선진국과 같이 철폐의 방향으로 가야 할 것이다. 또한 이러한 맥락에서 임금피크제와 같은 일자리 보전 노력이 함께 이루어져야 할 것이다. 임금피크제는 일자리에서 완전히 은퇴하는 것이 아니라 서서히 은퇴하는 모델로 아직 신체적으로나 정신적으로나 계속 일자리에서 기여할 수 있는 퇴직예정자에게 주어지는 제도다. 현재 일부 기업에서 도입되고 있는 임금피크제는 숙련된 기능직으로서의 경력을 활용하여 개인의 능력을 발휘할 기회를 제공할 뿐 아니라 점차 심각해지고 있는 제조업 부분의 인력난 해소를 위한 대안으로 여겨지며, 퇴직 후 재고용 방식 등 점진적 퇴직제도 적용도 고려해 볼 필요가 있다(정경희 외, 2013). 그러나 점차 구직난이 심각해지는 상황에서 이러한 제도의 시행이 자칫 젊은 세대의 일자리를 더 줄어들게 하는 원인으로 비춰져 세대 간의 대결구도로 이어질 수 있다. 따라서 세대 간 갈등을 최소화하면서 베이비부머의 일자리 보전을 위한 정책이 효과적으로 정착되기 위한 노력이 필요하다.

3) 재취업 및 창업지원

고용의 측면에서는 안정적인 소득을 유지할 수 있는 일자리 제공이 가장 우선시된다. 베이비붐세대의 과거 일에 대한 경력을 인정해 주고 동시에 이러한 일에서의 경험을 은퇴 후에도 발휘할 수 있도록 경력을 지원해 주는 것이 필요하다. 이를 위해서는 기존의 일자리 유지, 재취업 및 창업관련 지원이 필요하다. 최근 퇴직자지원법을 입법하고자 하는 움직임이 있는데, 그 내용으로 퇴직자들의 전직과 재취업, 창업 준비를 돕기 위한 인재은행과 크라우드펀딩 등이 논의되고 있다(프라임경제, 2015. 4. 28.).

4) 사회적 일자리 지원

사회공헌 일자리를 마련하여 은퇴하는 베이비부머가 자기 자신의 능력을 발휘하여 사회에 기여할 수 있는 기회를 열어 주는 것도 중요하다(보건복지부, 2014. 4. 16.). 기존의 노인일자리 사업도 노인사회활동 지원사업으로 전환된 만큼 단순히 복지급여의 한 형태로서 낮은 수준의 소득보장에서 벗어나 중고령 인력의 전문성을 활용하여 사회 기여, 공익 활동, 자아실현의 측면도 활성화할 수 있도록 독려할 필요가 있다(최숙희, 2010). 이러한 기회의 제공은 베이비부머가 보다 안정적인 삶을 사는 데 도움을 줄 수 있을 것이다.

5) 재정적 노후준비

마지막으로 노후준비와 관련해서는 민간기관과 기업의 노력이 중요하고, 이를 뒷받침할 만한 제도가 있어야 한다. 우선 노인복지관,

인생이모작센터, 평생교육센터 등의 민간기관에서는 베이비부머의 욕구에 맞는 노후준비프로그램을 진행할 수 있도록 지원하고, 기업은 인력이 부족한 분야에서의 인력 확보를 위해서라도 베이비부머의 전직지원을 위한 교육을 마련하는 등 공동대응이 필요하다. 보다 많은 사람들의 노후준비 인식을 높이기 위해 접근성이 높은 방송매체를 통해 노후준비의 필요성을 강조하는 것도 좋은 방법이다.

[참고문헌]

고재욱, 이동열(2011). 노인일자리사업 참여자의 삶의 만족도와 정책효과에 관한 연구. 한국노년학, 31(4), 1209-1228.

국민연금공단(2014). 2014 국민연금CSA상담사 Ⅱ.

국민연금공단(2015). 2015년 알기 쉬운 국민연금(사업장실무안내).

김경아(2014). 우리나라의 세대별 노후준비 수준 차이에 관한 연구. 노인복지연구, 64.

박지숭(2012). 도시지역 50대 장년층의 여가생활실태와 정책과제. 보건복지포럼, 75-84.

박정기, 노영학(2012). 베이비부머의 주거선호를 고려한 주거정책방향 연구. 대한부동산학회지, 30.

보건복지부(2010). 제2차 저출산-고령사회 기본계획.

보건복지부(2011a). 제8차 베이비붐세대 미래구상포럼-베이비붐세대의 특성 및 욕구변화에 대응한 산업 활성화 방안 모색-.

보건복지부(2011b). 제6차 베이비붐세대 미래구상 포럼-베이비부머의 경제활동 활성화 방안모색-.

보건복지부(2011c). 제 1차 베이비붐세대 미래구상 포럼-베이비붐세대의 현재와 미래, 무엇이 문제인가?-.

보건복지부(2015a). 2015 노인보건복지사업안내.

보건복지부(2015b). 2015 노인사회활동(노인일자리) 지원사업 종합안내.

송다영, 김미주, 최희경, 장수정(2011). 새로 쓰는 여성복지론: 쟁점과 실천. 파주: 양서원.

윤석명, 신화연, 최미선, 양혜진, 김원섭(2011). 노후준비 실태를 반영한 노후소득보장체계 구축방안-노후소득보장제도와 관련 복지제도 간 연관성을 중심으로. 보건사회연구원 연구보고서.

윤정득, 이현정(2014). 베이비부머와 고령자의 자산효과 차이 분석. 부동산학보, 58.

이소정, 정경희, 오영희, 정홍원, 박지숭, 박보미, 이금룡(2011). 노후준비 종합진단 프로그램 연구개발. 한국보건사회연구원 정책보고서.

이윤경(2013). 경제적 노후준비 실태 및 정책과제. 보건복지포럼.

전승훈, 강성호, 임병인(2009). 은퇴 후 필요소득 수준과 국민연금 및 퇴직연금의 자산 충분성. 경제학 연구, 57(3), 67-100.

정순둘, 박현주, 오은정(2013). 베이비부머의 은퇴 후 희망 노후생활유형에 영
　　향을 미치는 요인. 노인복지연구, 62, 289-316.

정순둘, 이현희(2012). 가족특성과 노후준비의 관계: 베이비붐세대와 예비노인
　　세대의 비교. 노인복지연구, 58, 209-231.

정경희, 오영희, 이윤경, 박보미(2011). 베이비부머의 삶의 다차원성에 관한 연구.
　　세종: 한국보건사회연구원.

정경희, 오영희, 이윤경, 손창균, 박보미, 이수연, 이지현, 권중돈, 김수봉, 이소
　　정, 이용식, 이윤환, 최성재, 김소영(2012). 2011년도 노인실태조사. 세종:
　　한국보건사회연구원.

정경희, 오영희, 황남희, 신현구, 남효정(2013). 미래 고령사회 대응 베이비붐세대
　　및 전후세대 실적분석. 세종: 한국보건사회연구원.

정경희, 이소정, 이윤경, 김수봉, 선우덕, 오영희, 김경래, 박보미, 유혜영, 이은
　　진(2010). 베이비부머 생활실태 및 복지욕구. 세종: 한국보건사회연구원.

정성호(2006). 중년의 사회학. 파주: 살림출판사.

최숙희(2010). 베이비붐세대를 위한 정책 우선순위 분석. 한양고령사회논집,
　　1(1), 1-40.

국민연금공단 홈페이지http://www.nps.or.kr/jsppage/info/easy/
　　easy_04_02.jsp

국민연금 노후준비서비스 홈페이지 http://csa.nps.or.kr/

문화체육관광부(2012. 6. 15.). "관광의 맛을 더해주는 문화관광해설사 양성
　　교육과정 인증제 최초 시행" http://www.mcst.go.kr/web/s_notice/
　　news/newsView.jsp?pSeq=2038

보건복지부(2011. 4. 14.). "100세 노후준비, 이제 행복노후설계센터 이용하
　　세요." http://www.mw.go.kr/front_new/al/sal0301vw.jsp?PAR_
　　MENU_ID=04&MENU_ID=0403&CONT_SEQ=250960&page=1

보건복지부(2012. 9. 26.). "당신의 노후준비를 도와드립니다! 일자리부터
　　주거까지 다룬 『노후불패』 정책가이드 발간." http://www.mw.go.
　　kr/front_new/al/sal0301vw.jsp?PAR_MENU_ID=04&MENU_
　　ID=0403&page=4&CONT_SEQ=277206

보건복지부(2014. 4. 16.). "베이비붐세대 사회공헌활동 지원사업 실시" http://
　　www.kihasa.re.kr/html/jsp/info/trend/domestic/view.jsp?bid
　　=3&ano=6928

보건복지부(2015. 5. 29.). http://www.mw.go.kr/front_new/al/sal0301vw.

jsp?PAR_MENU_ID= 04&MENU_ID=0403&CONT_SEQ=322635 &page=1

서울경제(2010. 12. 21.). "고학력 전문직 은퇴자에 공익형 일자리 제공 한 국판 프라임타이머스 앙코르 프로젝트 내년 출범" http://economy. hankooki.com/lpage/society/201012/e2010122 112005093810.htm

서울인생이모작센터 홈페이지 http://www.seoulsenior.or.kr/

슬로우뉴스(2015. 6. 10.). "국민연금 소득대체율 올리는 게 타당한가." http:// slownews.kr/41965

조선일보(2014. 6. 3.). "가장 오래 돈 벌어야 사는 한국인…정년퇴직해도 실 질 은퇴는 71세." http://biz.chosun.com/site/data/html_dir/2014/ 06/03/ 2014060300265.html

청와대 홈페이지 http://www1.president.go.kr/policy/assignment 02.php

통계청, e-나라지표 http://www.index.go.kr/potal/main/PotalMain.do

프라임경제(2015. 4. 28.). http://www.newsprime.co.kr/news/article. html? no=305544

한국주택금융공사 홈페이지 http://www.hf.go.kr/hindex.html

04

베이비부머의
건강 특성

[04]

베이비부머의 건강 특성

1. 들어가는 말

사람들은 누구나 건강하게 살다가 큰 질병 없이 삶을 마감하는 것을 꿈꾼다. 그러나 인간의 평균수명이 연장됨에 따라 나이가 든다는 것은 신체적 또는 정신적 기능의 노화와 직결되는 문제가 되었다. 2015년 현재 52~60세인 베이비붐세대의 경우 나이가 들어감에 따라 앞으로 건강상의 문제가 점차 더 심각해질 것으로 예상된다.

전체 베이비부머의 59.9%는 신체질환도 없고 우울증도 없는 '건강집단'에 속한다. 이 외에도 신체건강 취약집단이 26.2%, 정신건강 취약집단(우울증상이 있는 경우)이 6.2%로 나타났으며, 신체질환과 우울증에 둘 다 노출되어 있는 7.2%는 고위험 집단으로 분류된다(한경혜 외, 2011b). 베이비붐세대의 규모가 전체 인구에서 차지하는 비중이 14.6%로 워낙 크기 때문에(정순둘, 박현주, 오은정 2013a) 이들의 건강문제는 개인적인 문제로 볼 수 없으며, 사회 전체의 의료비용 급증과 직결된다고 볼 수 있다.

건강은 베이비부머의 고용에도 영향을 주어 실직으로 인한 경력

단절을 가져오며, 현재 실직상태에 있는 베이비부머의 실직사유 중
가장 높은 이유가 건강상의 문제였다(한경혜 외, 2011b). 또한 사회
적인 관계도 건강상의 문제로 인해 단절되는 경우가 많다. 이를 통
해 볼 때 건강은 그 자체로서도 중요하지만, 경제·사회적인 영역에
도 많은 영향을 미친다는 점에서 더욱 중요하다.

　이 장에서는 중년기에서 노년기로 가고 있는 베이비붐세대의 건
강 실태에 대해서 알아보고, 이들의 건강에 영향을 미칠 수 있는 건
강실천행위에 대해서 살펴보고자 한다. 또한 보다 건강한 삶을 지속
할 수 있도록 지원하기 위한 제도와 사회서비스를 알아보고 추가로
필요한 제언을 해 보고자 한다.

2. 건강 현황

1) 건강상태

(1) 신체적 건강

　베이비부머의 건강상태에는 나이가 들어감에 따라 자연스럽게 따
라오는 노화과정이 포함되어 있다. 베이비붐세대는 2012년 기준으
로 남성 79.94~81.04세, 여성 85.89~86.35세까지 살 것으로 예
상되며, 이는 전체 인구의 기대수명인 81.44세보다 높은 수준이다
(정경희 외, 2013). 일상생활이나 사회활동에 있어서 '활동제한 없
는 건강수명'은 70~71세이고, '주요 만성질환 없는 건강수명'은

59~62세 정도다(한경혜 외, 2011b). 이를 기준으로 볼 때 현재 베이비붐세대 중 60세 가까이 도달한 경우에는 이미 만성질환이 시작되는 시기에 있다고 볼 수 있다. 이는 베이비부머의 1/3가량이 각종 질환을 경험하고 있다는 데이터(한경혜 외, 2011a)와 27.3%의 만성질환 유병률(정경희 외, 2013)을 통해 뒷받침된다. 베이비부머는 보통 중년기에서 노년기로 가는 단계에 있기 때문에 중년기의 건강특성과 노년기의 건강특성을 함께 가지고 있다. 2015년 현재 50대인 이들은 중년기에 해당하여 갱년기 증상 등의 건강특성을 가지고 있으나, 점차 나이가 들어가면 갈수록 노년기의 건강특성을 더 많이 갖게 될 것이다. 특히 여성의 경우에는 해당 시기가 폐경으로 인한 신체적인 변화가 오는 시기이며, 남성의 경우에는 그동안에 경제활동 및 사회활동으로 인한 피로가 오랜 기간 누적된 시기로 적극적인 건강관리가 필요한 시기다. 좀 더 구체적으로 살펴보면 다음과 같다.

현재 베이비부머가 50대에 위치해 있는 만큼 중년기의 특성을 가지고 있으며, 중년기의 대표적인 증상으로는 갱년기 증상[1]을 들 수 있다(한경혜 외, 2011a). 갱년기 증상은 보통 남성에 비하여 여성이 더 많이 경험하는 것으로 알려져 있으며, 가장 많이 경험하고 있는 증상은 '관절의 통증 및 뻣뻣함'으로 여성 베이비부머의 19.2%가 주 1회 이상 경험하고 있었다. 또한 신경이 곤두서고 짜증나는 증상과 허리통증, 수면장애, 발한 및 안면홍조 증상도 14~15%정도로

---

1) 발한 및 안면홍조, 신경이 곤두서고 짜증나는 증상과 함께 관절의 통증 및 뻣뻣함, 허리통증, 두통, 수면장애

거의 유사하게 나타났다. 갱년기 증상이 주로 여성에게만 일어나는
것으로 인식되고 있으나 남성의 경우에도 그 정도의 차이가 있을 뿐
허리통증(9.45%), 짜증, 관절통증, 수면장애(8%)를 주 1회 이상 경
험한다고 나타났다(한경혜 외, 2011a).

　노년기의 특성인 만성질환을 살펴보면, 2010년 생활실태조사에
서 만성질환 유병률이 27%로 나타나고 있으며 이는 건강 취약계층
에서 더 높은 유병률을 보이고 있다(선우덕, 2011). 2008년 기준 베
이비부머에게 가장 많이 나타나는 질병은 고혈압으로, 의사로부터
진단을 받은 경우도 14.2%로 나타났다. 고혈압 다음으로는 관절염
(6.2%), 위장질환(5.7%), 당뇨 및 고혈당(5.3%)의 순으로 질병이 나
타나고 있으며(한경혜 외, 2011a), 이러한 질병들은 위장질환을 제외
하고는 대표적인 노인성 질환으로 베이비부머 중에서도 연령이 높
을수록 더 질병 발병률이 높다. 만성질환을 가진 비율이 높아지는
것은 시간적 문제로 시간이 지날수록 더욱 높아질 것으로 예상된다.

　성별로는 중년 여성의 경우 폐경증상과 더불어 갱년기를 경험하
면서, 폐경 전보다 골다공증과 관절염, 심맥관계 질환, 비만 등의 유
병률이 높았다(대한산부인과학회, 1991: 최공옥, 조현숙, 김정엽, 2000,
p. 83 재인용). 중년 남성의 경우 신체적 기능 감소, 근골격계의 문
제 등이 주로 나타났으며(이민준, 1986: 최공옥 외, 2001, p. 414 재인
용), 관상동맥 질환, 뇌혈관계 질환, 위궤양, 만성 폐쇄성 폐질환, 심
장질환 등과 같은 만성질환 유병률이 높게 나타났다(Louis, 1976: 최
공옥 외, 2001, p. 415 재인용).

　한편, 베이비붐세대의 6.3%가 최근 1년 동안 각종 손상(사고 · 중

독)²⁾을 경험하였는데, 이는 65세 이상 노인세대의 경험률 8.0%보
다는 조금 낮은 수준이다(정경희 외, 2013). 원인은 연령에 따른 차
이 때문으로 현재는 각종 손상의 발생이 낮지만 한번 손상되면 이후
의 노년기 건강에도 영향을 미칠 뿐 아니라 이로 인한 사회·경제적
인 비용도 지속적으로 발생할 가능성이 높다는 점에서 관심 있게 볼
만하다.

　일상생활 수행능력은 신체적 독립성을 유지하고 일상생활 및 사
회활동을 가능케 함으로써 활기찬 삶을 영위할 수 있게 해 주는데,
베이비붐세대가 현재 본인 스스로가 인지하는 신체적·정신적 장애
로 일상활동에 제한을 받는 비율은 9.5%로 전 세대 노인의 24.6%
와 비교하면 매우 낮은 수준이다(정경희 외, 2013). 최근 한 달 동
안 질병이나 손상 등으로 거의 하루 종일 누워서 보냈던 베이비부머
의 입원 경험은 7.1%로 이후에 일상생활 수행이나 다른 활동에의
제약으로 연결될 수 있고, 그 후유증으로 인하여 영속적인 불편을
초래할 수 있다는 점에서 주목할 만하다. 베이비부머의 입원 경험
은 이전 세대인 노인들의 12.9%보다 약 6% 낮은 수치다(정경희 외,
2013).

　〈표 4-1〉의 베이비부머가 주로 포함된 50대의 사망률을 살펴
보면 2013년 기준으로 질병에 의한 사망은 암(신생물)으로 인한 것
이 가장 많았으며, 순환기 계통, 내분비질환이 그다음이었다. 그 외
에 외상이나 사고로 인한 사망도 인구 10만 명당 50~54세 71.1명,

─────────────

2)　신체적인 손상이나 사망, 2차적 손상

〈표 4-1〉 주요 질병에 의한 베이비부머 사망률   (단위: 명)

질병 구분	연령구분	인구 10만 명당 사망인원 수
암(신생물)	50~54세	118.7
	55~59세	184.6
순환기 계통	50~54세	46.5
	55~59세	66.7
내분비질환	50~54세	11.1
	55~59세	18.2

출처: 통계청(2013), 사망원인통계에서 재구성.

55~59세 78.5명으로 높았다(통계청, 2013).

베이비부머의 건강문제는 현 노인세대보다 좋지만 연령이 높아지면서 점차 나빠질 것이다. 하지만 나이가 들어감에 따라 자연스러운 과정이 아닌 다른 원인으로 건강악화가 오지 않도록 예방하기 위한 지원이 필요하다.

(2) 정신적 건강

정신건강 측면을 살펴보면, 베이비붐세대의 23.9%가 스트레스를 많이 느낀다고 응답하고 있다(정경희 외, 2013). 최근 1년간 연속적으로 2주 이상 우울감[3]을 느끼는 경우도 14.7%나 되었다(정경희 외, 2013). 중년 여성의 경우 빈둥지증후군과 같은 현상으로 인해 우울감을 더 많이 느끼는 것으로 나타났다(여정희, 2004; Avis, As-

---

3) 일상생활에 지장을 줄 정도로 슬프거나 절망감을 느끼는 경우

smann, Kravitz, Ganz, Ory, 2004: 정순둘 외, 2013b, p. 80 재인용). 중년 남성의 경우도 스트레스, 우울감이 중요한 문제로 나타났다(이 민준, 1986: 최공옥 외, 2001, p. 414 재인용). 이렇게 정신건강 측면 에서 우울감이 높다는 것은 전반적인 삶의 만족도도 낮아짐을 의미 한다. 특히 고령에 따른 우울과 더불어 자살위험까지 일으킬 가능성 이 높은 만큼 주의를 요한다(조계화, 김영경, 2008). 김미령 등(2015) 에 따르면, 베이비부머의 16.2%가 지난 1년간 2주 동안 우울감을 겪었으며, 여성이 자살에 관한 위험이 더 큰 것으로 나타났다. 미국 의 경우도 남성보다 여성이 우울감이 높은 것으로 나타났다(백옥미, 2011).

스트레스를 많이 느끼는 베이비부머는 전체의 25.7%로 나타났 으며, 베이비부머 네 명 중 한 명은 스트레스를 받는다고 하였다(김 미령 외, 2015). 중년 여성의 경우 결혼생활과 사회 · 경제적인 요인, 자녀양육 등과 같은 생활 속에서의 일들이 스트레스를 일으키는 반 면(김혜자, 2001), 중년 남성의 경우 사회생활, 교육, 경제적인 면 등 직장생활과 가정생활을 균형 있게 조화하고자 하는 데서 스트레스 를 받고 있다(이미숙, 2003).

지난 1년 동안 심각하게 자살을 고려해 본 적이 있다고 응답한 베 이비부머는 8.2%이고(한경혜 외, 2011a), 죽고 싶다는 생각을 해 본 적이 있는 베이비부머도 12.8%로 노인의 자살생각 비율인 22.9% 에 비해서는 상대적으로 낮은 편(정경희 외, 2013)이다. 실제로 자살 에 의한 사망은 10만 명당 34.7명(50~54세 기준)으로, 65세 이상 노인(10만 명당 69.8명)에 비해 절반 수준이다(정경희 외, 2013). 자살의 경우에는 본인 스스로의 문제뿐 아니라 그 이후에도 가족이나 이웃, 지역사회에 심각하게 부정적인 영향을 줄 수 있다는 점에서 베이비부머의 정신건강에 관심을 가져야 한다.

(3) 주관적 건강상태

〈표 4-2〉를 살펴보면 주관적인 건강상태의 경우 한국 베이비부머는 5점 만점에 2.78점이었으며, 미국은 3.31점이었고, 영국의 경우 3.36점으로 나타났다. 즉, 한국 베이비붐세대의 자기 자신의 건강상태에 대한 평가의 경우 미국과 영국의 베이비붐세대에 비해 좋지 않은 편임을 볼 수 있다.

그리고 한국 베이비붐세대의 경우 다른 국가에 비해 적은 수의 만성질환을 가지고 있는 것으로 보였지만, 주관적인 건강상태에서는 비교적 낮은 점수를 보여 주고 있었다. 이와 같이 한국 베이비붐세대의 경우 나쁘지 않은 건강상태임에도 불구하고 자기 자신에게 느

〈표 4-2〉 신체적 건강–주관적 건강상태

주관적 건강상태			
한국 (KLoSA)	미국 (HRS)	영국 (ELSA)	척도범위 (range)
평균(SD) 2.78(0.81)	3.31(1.17)	3.36(1.10)	1~5
F=187.035(p < 0.001)			

출처: 김미혜, 정순둘, 박현주(2014). 베이비부머의 신체적 건강 및 심리사회적 특성: 한국, 미국, 영국 고령화패널 비교분석. 한국자료분석학회, 16(2), 987-1005.
* KLoSA(Korean Longitudinal Study of Aging) → 한국고령화패널
* HRS(Health and Retirement Study) → 미국고령화패널
* ELSA(English Longitudinal Study of Aging)→ 영국고령화패널

끼는 건강을 좋지 않게 생각하고 있는 것으로 나타났다. 한국 베이비붐세대의 낮은 주관적 건강상태에 정책적인 관심이 필요한 시점으로 보인다(김미혜 외, 2014).

2) 건강실천행위

건강실천행위는 자신의 건강에 영향을 미치는 개개인의 행동을 말하며, 다른 용어로 건강유지행태(보건복지부, 2011) 및 건강행태(정경희 외, 2010)라고도 한다. 건강실천행위는 개개인의 의지가 담겨 있는 행동이고, 노력하면 변화가 가능하다는 점에서 중요하다. 이 건강실천행위에는 건강유지 및 질병예방을 위한 건강검진, 체중과 운동, 의료 이용 및 정보 이해가 있으며, 건강을 위해하는 행동인 음주와 흡연도 함께 포함된다. 질병은 발생 이전에 예방하는 것이 비용 절감의 핵심이며 특히 만성질환의 경우에는 늘어난 평균연령만큼 보유기간이 길어 이와 연동하여 관리비용도 오랜 기간 지속되기 때문에 평상시의 건강관리가 가장 중요하다(권현숙, 2010).

(1) 건강검진

건강검진은 각종 질병을 조기에 발견할 수 있는 중요한 행위이며, 건강검진을 하는 것은 건강관리를 하고 있다는 중요한 지표가 된다. 건강검진을 받은 적이 있는 베이비부머는 80.8%(2010년 기준)로 조사되었으며(정경희 외, 2010), 최근 2년 동안 검진을 받은 경험이 있는 베이비부머는 60.3%로 나타났다. 또한 최근 2년간 61.7%가 암

검진을 받은 것으로 나타났다(박민, 2012). 또한 마지막 혈압측정은 1년 미만 70.8%, 2년 이상~3년 미만 19.0%로 나타났으며, 마지막 당뇨검사(간이혈당검사 제외)도 1년 미만 59.9%로 나타났다(박민, 2012). 건강검진을 받은 비율이 높은 것은 직장에서의 건강검진이 정례화되어 있고, 국민건강보험공단에서 생애주기별로 필요한 검진을 지원하고 있으며, 개인적인 질병치료 시에도 부분적으로 건강검진을 받고 있기 때문으로 분석된다. 특히 건강검진 이후에 증상이나 질병이 발견된 경우가 19%이고, 일단 발견된 경우 치료하는 경우는 89.1%로 나타나(정경희 외, 2010), 건강검진이 건강관리에 있어서 중요함을 다시 한 번 확인할 수 있다. 그러나 상대적으로 직장을 다니지 않거나 직장을 다녀도 직원복지가 열악하여 시간을 내기 어려운 경우 건강검진을 강제하기 어렵고, 저소득으로 인해 건강상 문제가 의심되어도 경제적인 비용발생 부담을 이유로 검진을 피하는 경우, 글을 읽지 못하여 안내문을 읽지 못하는 경우 등은 검진을 받지 못할 가능성이 높다. 국가에서 실시하는 건강검진을 제때 받지 않고 큰 질병이 발병되는 경우 자신의 의무 불이행으로 인해 공적 의료보장에서 소외될 수 있어, 개인의 의료비 부담이 크게 증가할 수 있다. 더욱 심각한 것은 건강검진을 받지 못하는 개인의 상당수가 사회적으로 취약 계층으로 질병 발병 시 대비할 수 있는 개인적 준비도가 낮아 결국은 사회적 부담 증가로 이어진다는 것이다. 이의 예방을 위해서는 건강검진 수검률 증대를 위한 적극적인 노력이 필요하다.

건강검진은 그 자체보다는 이후 관리가 중요한데, 증상이나 질병이 발견되어도 방치하는 경우 그 효과를 볼 수 없다. 건강검진 이후 발견된 질병에 대한 방치 이유를 살펴보면 증상이나 질병을 치료하고 싶어도 경제적 비용이 들거나 의료기관의 방문이 어려울 정도로 바쁘고 시간이 없다고 한 경우가 전체의 30.8%를 차지하고 있다. 이들이 향후 노년기에 접어들 경우 건강수준의 악화가 현저할 것으로 예상되므로 이에 대한 대책이 필요하다(정경희 외, 2010).

(2) 체중과 운동

과체중과 비만의 용어에 대한 해석상의 차이가 있을 수 있어 명확한 비교는 어렵지만, 평균적으로 우리나라 사람들이 10명 중 6명이 과체중이라고 응답하고 있는 데 반해, 베이비부머는 39.44%만이 자신을 비만이라고 느끼고 있어(선우덕 외, 2010) 전체 평균에 비해 베이비부머의 비만 인식률이 20% 이상 낮다(경인일보, 2015. 1. 23.). 조사별로 수치상의 차이는 있지만 전체 베이비부머의 60~68.5%는 체중관리를 하고 있다고 하여(박민, 2012; 선우덕, 2011;정경희 외, 2010; 한경혜 외, 2011b), 전체 평균인 55%에 비해 높았다(경인일보, 2015. 1. 23.). 체중관리의 이유로는 건강상의 문제가 없지만 더 건강해지기 위해서(30.8%), 혹은 고혈압ㆍ심장질환 관리 등을 위한 건강상의 문제로(26.0%)라고 응답하고 있다(박민, 2012). 비만이 각종 질환의 원인이 된다는 것이 다양한 매체를 통해 널리 알려지고 건강한 생활습관의 중요성이 강조됨에 따라 베이비붐세대가 이를 적극적으로 받아들이고 있음을 알 수 있다. 이를 종합해 볼 때 베이비부머는 가까운 미래에 악화될 수 있는 자신의 건강을 생각하여 다른 세대에 비해 더 열심히 건강관리에 힘쓰고 있음을 알 수 있다.

이들은 주로 주 2~3일 이상 건강유지를 위해 운동을 하고 있으며, 2/3가 집 주변에서 운동을 하고 있어 차후에도 지속률이 높은 건강관리를 하고 있음을 볼 수 있다(정경희 외, 2010). 또한 집 주변에 산책로와 공원 등이 잘 정비되어 있고, 곳곳에 다양한 운동기구들이 배치되어 있는 것이 효과를 보고 있는 것으로 분석된다.

(3) 의료 이용 및 정보 이해

베이비부머는 의료 이용이나 정보의 이해, 건강 문해력(health literacy) 수준도 상당이 높아서, 76.9%가 건강 문해에서 별다른 문제가 없는 것으로 나타났다(한경혜 외, 2011b). 이는 베이비붐세대가 그 이전 세대에 비해서 교육수준이 높기 때문에 각종 정보 습득과 이해에 어려움이 적은 것으로 분석된다.

(4) 음주와 흡연

다른 한편으로 건강을 해치는 건강위해행동(health-risk behavior) 비율을 살펴볼 수 있는데, 대표적인 건강위해행동으로는 음주와 흡연이 있다. 2013년 기준으로 베이비붐세대의 음주행태를 살펴보면, 베이비부머가 포함되어 있는 50대의 고위험 음주율[4]은 남성이 20.3%, 여성이 4.2%로 나타났다. 노인세대와 비교해 보면 60대 이상의 고위험 음주율이 남성 8.9%, 여성 0.8%이고, 70세 이상의 음

---

[4] 1회 평균 음주량은 7잔(여자 5잔) 이상이며 주 2회 음주하는 분율

주율이 남성 4.3%, 여성 0.0%인 것에 비해 상대적으로 크게 높았
다(2013 건강행태 및 만성질환 통계집). 베이비부머의 음주율은 40대
(25.9%), 30대(23.7%)의 고위험 음주율과 비슷하다. 한편, 현재에
도 음주하고 있는 비율의 경우는 2010년 기준으로 남성 76.8%, 여
성 50.2%로 나타나고 있어 베이비부머 남성의 3/4 이상이 음주를
지속하고 있는 것을 확인할 수 있다(선우덕, 2011). 베이비부머는 각
종 만성질환의 발현이 구체화되는 노년기에 비해 상대적으로 건강
에 대한 위기의식이 낮고, 직장 및 사회생활에서 음주를 할 기회가
많은 것으로 분석된다.

 또한 2013년 기준 현재 흡연율[5]은 베이비붐세대인 50대 남자
의 40.8%가 흡연자로 30대(54.5%), 40대(48.0%)에 비해 낮았으나
60대(32.5%), 70대(15.6%)에 비해서는 상대적으로 높았다(2013 건
강행태 및 만성질환 통계집). 베이비부머만을 대상으로 한 조사에서는
2010년 기준 46.4%가 현재 담배를 피우고 있다고 응답하여 전체
노인에 비해 상대적으로 더 높은 수치를 보였다(선우덕, 2011). 최
근 금연구역의 확대와 담배가격 인상 등으로 인해 흡연을 할 수 있
는 환경이 줄어들고 있고, 베이비부머는 건강관리에 대한 관심이 많
아 나이가 증가함에 따라 음주나 흡연율이 줄어들 것으로 예측된다.
그럼에도 음주와 흡연이 중독의 한 종류임을 볼 때 쉽게 중단하기에
는 어려움이 있을 것으로 보인다. 음주와 흡연이 간암, 폐암의 직접
적인 원인이 되어 암 발병 및 사망으로 이어지고 있고 각종 만성질

---

5) 평생 담배 5갑(100개비) 이상 피웠고 현재 담배를 피우는 분율

환의 원인으로 지목되고 있어 음주 및 흡연 비율을 낮추기 위한 적
극적인 개입이 필요하다.

3. 관련 정책, 서비스, 제도

1) 현재의 정책 방향

〈표 4-3〉은 현재 우리나라의 140개 국정과제에서 베이비붐세대
와 관련 있는 건강관련 항목을 발췌한 것이다. 생애주기별 맞춤형
복지 전략에서 2개의 과제로 의료보장성 강화 및 지속가능성 제고,
건강의 질을 높이는 보건의료서비스 체계 구축을 찾아볼 수 있으며,
스포츠 활성화 전략에서 건강증진활동과 관련하여 스포츠 활성화로
건강한 삶 구현의 과제를 제시하고 있다.

베이비부머가 현재 가지고 있는 질병에 대한 관리는 심각해지기
전에 치료하여 더 큰 질병을 막을 수 있다는 점에서 중요하며, 의료
보장성 강화를 위한 제도개선과 의료서비스의 질을 높여 예방에서
임종까지 수요자 관점으로 제도개편의 목표가 잘 실현되어야 하겠
다. 또한 베이비부머가 현재 집 주변의 생활체육시설을 활용하여 건
강증진 활동을 하고 있는 만큼 스포츠 활성화 전략은 효과적이라고
평가된다.

제2차 저출산·고령사회 기본계획(2011~2015년)에 따르면 사전
예방적 건강관리체계 구축 및 미래노인 의료비 적정화 추진, 의료보

〈표 4-3〉 건강관련 국정과제

전략	과제	세부내용
생애주기별 맞춤형 복지	의료보장성 강화 및 지속가능성 제고	• 국민 부담이 높은 4대 중증질환에 대한 보장성 강화 등을 통하여 국민들의 의료비 부담 완화 • 건강보험 지속가능성 제고를 위한 제도 개선 추진
	건강의 질을 높이는 보건의료서비스 체계 구축	• 고령화, 만성질환 증가에 대한 대응 및 의료서비스 체계를 예방에서 임종까지 수요자 관점으로 개편
스포츠 활성화	스포츠 활성화로 건강한 삶 구현	• 생활스포츠 프로그램·시설을 확충하고 생활체육 참여율을 두 배로 증가시켜 건강한 100세 시대 견인

출처: 청와대 홈페이지.

장 내실화와 의료비 지출 적정화 병행을 제시하고 있다(보건복지부, 2010). 사전예방적 건강관리체계 구축을 위해서 세 가지 중점과제를 두고 있는데, 첫째, 건강검진 사후관리를 강화하고 수검률을 향상하고, 둘째, 보건소 중심의 통합건강관리체계를 구축하며, 셋째, 만성질환 관리 프로그램을 도입하는 것이 그것이다. 또한 건강한 노후생활 및 의료비 지출 적정화를 위해서 노인질병 특성에 따른 건강보험 보장성을 확대하고, 건강보험 지출 효율화를 통한 재정건전성 확보, 품질 높은 노인요양서비스 제공을 중점과제로 삼고 있다(보건복지부, 2010). 사전예방적 건강관리체계 구축을 위해서는 예산 확보가 가장 중요하며, 특히 건강한 60%의 베이비부머가 최대한 오랜 기간 동안 건강을 유지할 수 있도록 하기 위해 좀 더 노력할 필요가 있다.

2) 건강관련 정책 및 서비스

(1) 치료서비스

현재 건강관련 정책과 서비스는 대부분 65세 이상 또는 저소득층 위주로 대상이 정해져 있으며, 제한적으로 60세 이상도 참여할 수 있도록 해 놓은 것이 대부분이다. 우리나라 건강보험의 경우에는 예방서비스보다는 치료서비스가 주가 되며, 대부분의 질병발생 시 건강보험의 혜택을 받는다.

심혈관 관련 질병을 앓고 있는 경우 소방방재청이 제공하는 U-안심콜서비스를 활용해 응급처리를 제공받을 수 있다(이소정 외, 2011). 베이비부머 중 노인성 질병을 가지고 있는 경우에는 장기요양보험의 혜택을 받을 수 있다. 장기요양보험은 주로 65세 이상의 노인을 대상으로 요양보호를 필요로 하는 자가 대상이지만, 65세 미만인 경우에도 치매, 중풍, 파킨슨병 등 6개월 이상의 기간 동안 혼자서 일상생활을 수행하기 어려운 경우는 급여대상으로 인정되기 때문이다(「노인장기요양보험법」 제2조 및 시행령 제2조). 노인 질병특성에 따른 건강보험 보장성 확대를 위해 골관절염 급여 인정대상을 기존 65세에서 60세 이상으로 확대하고, 당뇨병 치료제의 건강보험 인정범위를 확대하며, 구강증진서비스도 점차 확대하는 방향에 있다(보건복지부, 2010). 60세 이상의 치매환자 중 전국 가구 평균소득 100% 이하인 자는 치매치료관리비도 지원받을 수 있다(「치매관리법」 제11조). 전국 가구 평균소득 50% 이하 가구원으로, 백내장·망막질환·녹내장 등의 안질환을 진단받은 자에게 개안수술비를 지원한다(보건복지부, 2015).

(2) 예방서비스

베이비부머를 대상으로 한 예방적인 서비스는 매우 부족한 상황이다. 건강보험 가입자의 경우 생애주기별로 40세와 66세에 '국민건강보험공단'에서 제공하는 건강검진을 받을 수 있으며, 만 65세이상 의료급여 수급권자는 보건소 등을 통해 노인건강진단을 받을수 있다(「노인복지법」 제27조). 베이비부머가 60세 이상이 되면 치매상담센터 이용 및 치매검진을 받을 수 있다(「치매관리법」 제11조). 이밖에도 60세 이상의 모든 고령자는 노인실명예방사업의 일환으로암검진을 받을 수 있으며, 검진 대상자가 많을 경우 병·의원의 접근도가 낮은 저소득층을 우선 지원하고 있다(보건복지부, 2015).

국민건강증진 종합계획 2020에서는 예방중심의 건강관리로 암관리, 고혈압, 당뇨병, 과체중과 비만, 심·뇌혈관 질환, 관절염, 각종 전염병 관리, 결핵·호흡기질환 및 약제 내성관리, 정신보건, 구강보건사업을 제시하고 있으며, 이를 통해 건강잠재력 강화, 질병과 조기사망 감소, 인구집단 간 건강격차 완화를 꾀하고 있다(서미경외, 2005).

활용할 수 있는 서비스 자원은 다음과 같다. 한국건강증진개발원이 제공하는 '건강 길라잡이'(http://www.khealth.or.kr)에서는 노후건강관리 설계를 받을 수 있으며, 한국건강관리협회(www.kahp.or.kr)에서는 건강검진 및 건강교육 관련 정보를 얻을 수 있다. 인구보건복지협회(www.ppfk.or.kr)에서는 노인성상담 서비스 및 교육

정보를 얻을 수 있으며, 금연콜센터(1544-9030)에서는 금연과 관련한 상담을 받을 수 있다(이소정 외, 2011에서 재구성).

4. 미래 대응 방안

베이비부머의 미래 건강과 관련하여 가장 중요한 것은 현재 전체의 60%가량인 건강집단이 자신들의 건강을 최대한 오래 건강한 상태로 유지하는 것이다. 중·고령자들의 가장 큰 신체적 걱정거리가 '노인성 질환(치매, 중풍 등)의 발병'(58.7%)과 '신체기능저하'(34.0%)인 만큼 베이비부머의 질환예방과 신체기능 향상을 위한 다양한 노력이 필요하다. 또한 이미 건강 취약집단에 진입한 경우 적절한 개입을 통해 만성화 혹은 악화되지 않도록 하는 노력이 함께 추진되어야 할 것이다. 무엇보다 베이비부머 스스로가 자신들의 건강관리가 중요함을 깨닫고 있는 만큼 이들의 건강을 유지하기 위한 건강습관을 가질 수 있도록 지원하는 것이 중요하다.

1) 의료비 부담에 대한 대응

현재 대부분 50대인 베이비부머가 노인세대로 완벽히 진입하는 2030년에는 전체 인구의 24%를 차지하는 노인인구가 총 진료비의 65%를 차지할 것으로 예측됨에 따라(국민건강보험공단, 2008: 보건복지부, 2010 재인용), 의료비 증가에 대한 대비가 강화되어야 한다. 이를 자세히 살펴보면 다음과 같다.

첫째, 개인부담 측면에서 살펴보면, 국민건강보험은 거의 모든 국민이 혜택을 받고 있어 1차적인 수준에서의 의료비 보장은 되어 있다고 볼 수 있다. 국민건강보험 이외의 민간 건강보험의 가입률을 살펴보면, 본인이 84.1%, 배우자가 85.3%의 높은 가입률을 볼 수 있다(정경희 외, 2011). 이를 바탕으로 볼 때 상당 부분 민간보험에서 보장받을 수 있을 것으로 보이나 이것이 전체 비용을 다 보장받는 것을 의미하지는 않고, 민간보험에 가입하지 않은 나머지 15%의 경우는 국가나 별도의 개인 비용지출로 의료비를 충당하고 있다.

둘째, 사회적 부담 측면에서 강조되어야 할 것은 저소득 계층의 건강관리다. 현재 소득이 낮은 베이비부머의 경우 노년기에 이르러서도 저소득층으로 고착될 가능성이 높기 때문에 이들에 대한 질병예방관리가 앞으로의 사회적인 건강재정부담의 정도를 좌우하는 핵심이 될 가능성이 높다. 이들이 의료서비스를 필요로 할 경우 이 비용은 의료보호를 통해 전적으로 사회에서 부담해야 하는 의료비이기 때문이다. 저소득층의 경우 건강검진에서도 수검률이 낮고(보건복지부, 2011) 질병이 발견되어도 이후 조치에 있어서 소극적인 경우가 많아 이에 대한 적극적인 장려정책이 필요하다. 비용이 들지 않는 방법으로는 건강관리가 가능한 집 주변의 공원이나 운동기구를 활용하는 방법이 있으며, 지속적인 운동을 할 수 있도록 다양한 홍보와 독려를 하는 것이 중요하다. 만약 비용이 드는 경우에는 바우처 형식으로 건강관리서비스의 지원도 고려해 볼 수 있다.

2) 건강한 삶을 위한 기반조성

베이비부머가 노인이 되기 전에 다양한 질병을 예방할 수 있도록 하여 최대한 오래도록 건강한 삶을 살 수 있도록 지원해야 한다. 노인성 질환은 대부분 만성적이기 때문에 사전에 예방하는 것이 사후 의료비 지출에 비해 훨씬 더 효율적이다. 베이비부머가 노인이 되어 건강한 삶을 유지하게 하기 위해서는 건강에 대한 적절한 지원과 대책이 이루어져야 한다. 무엇보다 현재 이루어지고 있는 대책을 넘어 건강관리를 해 나가는 것이 필요하다고 볼 수 있다. 이를 위한 대책으로 다음과 같은 사항들을 제시할 수 있다.

첫째, 우울, 스트레스 등의 정신건강 문제와 경제적 문제로 인해 자살하는 노인이 증가하고 있으므로 노인의 정신건강을 종합적으로 다루는 기구가 필요하다. 현재 노인복지관에서 노인상담센터를 부설하여 운영하고 있으나, 자살 위주의 상담만 이루어지고 있어 한계가 있다. 노인들의 경우에도 정신건강서비스를 제공받는 경우가 매우 낮아, 정신건강 상담 및 서비스에 대한 인식전환이 필요하다.

둘째, 현재 치매관리가 보건소를 중심으로 이루어지고 있지만, 좀 더 적극적인 예방과 치료제도가 도입될 필요가 있다. 특히 노인장기요양보험제도에서 치매등급을 신설하여 이에 대한 대비를 하고 있지만, 치매 발생 시 노인과 그 가족이 겪게 될 여러 가지 위험요인을 극복할 수 있도록 제도를 활성화할 필요가 있다.

셋째, 현재 이루어지고 있는 40세와 66세의 생애전환기 건강검진을 80세 이후에도 제공하는 것이 필요하다. 노년기가 길어진 만

큼 100세 시대를 살아갈 베이비부머를 위한 건강검진제도를 추가적
으로 실시해야 한다. 또한 건강검진과 함께 건강관리를 충실히 시행
해 나갈 수 있도록 관리제도를 좀 더 보강할 필요가 있다.

106

[참고문헌]

권현숙(2010). 사회경제적 수준에 따른 30세 이상 건강인의 건강증진 실천행위 변화추이. 경북대학교 보건대학원 석사학위논문.

김미혜, 정순둘, 박현주(2014). 베이비부머의 신체적 건강 및 심리사회적 특성: 한국, 미국, 영국 고령화패널 비교분석. 한국자료분석학회, 16(2), 987-1005.

김혜자(2001). 중년여성의 스트레스에 따른 부부친밀도. 한국모자보건학회지, 5(1), 123-126.

김미령, 김주현, 김정근, 양흥권, 이현기, 이기영, 조선영, 홍승연, 서혜경, 김유진, 박영란(2015). 베이비붐세대의 노후준비와 삶의 질. 한국노년학포럼. 서울: 학지사.

박민(2012). 베이비부머 1세대의 건강행태에 관한 연구. 고려대학교 보건대학원 석사학위논문.

백옥미(2011). 중·노인층의 음주행위와 우울의 관계에 대한 종단연구: 미국 중·노인층을 중심으로. 노인복지연구, 52(단일호), 7-31.

보건복지부(2010). 제2차 저출산-고령사회 기본계획.

보건복지부(2011). 제4차 베이비붐세대 미래구상포럼.

보건복지부(2015). 2015 노인보건복지사업안내.

서미경, 김혜련, 서동우, 선우덕, 신윤정, 최은진, 최정수, 황나미(2005). 새 국민건강증진종합계획 수립. 보건사회연구원 정책보고서.

선우덕(2011). 베이비부머의 건강실태 및 만성질환관리를 위한 정책방안. 제4차 베이비붐세대 미래구성포럼. 세종: 보건복지부.

선우덕, 김동진, 송양민, 김나영, 이윤경, 유혜영(2010). 신노인층(베이비붐세대)의 건강실태 및 장기요양 이용욕구 분석과 정책과제. 세종: 한국보건사회연구원.

이미숙(2003). 사회적 스트레스와 중년기남성의 정신건강. 한국사회학, 37(3), 25-26.

이소정, 정경희, 오영희, 정홍원, 박지승, 박보미, 이금룡(2011). 노후준비종합진단 프로그램 연구개발. 보건사회연구원 정책보고서.

정경희, 오영희, 황남희, 신현구, 남효정(2013). 미래 고령사회 대응 베이비붐세대 및 전후세대 실적분석. 세종: 한국보건사회연구원.

정경희, 이소정, 이윤경, 김수봉, 선우덕, 오영희, 김경래, 박보미, 유혜영, 이은
　　진(2010). 베이비부머의 생활실태 및 복지욕구. 세종: 한국보건사회연구원.

정순둘(2003). 저소득 노인의 가족동거여부와 삶의 만족도. 한국가족복지학,
　　11(단일호), 59-79.

정순둘, 박현주, 오은정(2013a). 베이비부머의 은퇴 후 희망 노후생활유형에
　　영향을 미치는 요인. 노인복지연구, 62, 289-316.

정순둘, 서송주, 박효진(2013b). 베이비부머의 여가만족도와 삶의 만족도의 관
　　계. 여가학연구, 11(2), 75-99.

조계화, 김영경(2008). 한국노인의 우울, 자살생각 및 삶의 만족도 영향요인.
　　한국간호교육학회지, 14(2), 176-187.

최공옥, 김정엽, 조현숙(2000). 일지역 중년기 여성의 건강행위에 대한 서술적
　　연구. 여성건강간호학회지, 6(1).

최공옥, 김정엽, 조현숙(2001). 일지역 중년기 남성의 건강행위에 대한 서술적
　　연구. 한국보건간호학회지, 15(2), 412-427.

통계청(2013). 사망원인통계.

한경혜, 최현자, 은기수, 이정화, 주소현, 김주현(2011a). Korean Baby Boomers
　　in Transition: 한국 베이비부머들의 삶의 지평. 서울대학교노화고령사회연구
　　소 & 메트라이프코리아재단.

한경혜, 최현자, 은기수, 이정화, 주소현, 김주현(2011b). Korean Baby Boomers
　　in Transition: 한국의 베이비부머 연구. 서울대학교노화고령사회연구소 &
　　메트라이프코리아재단.

2013 국민건강통계 https://knhanes.cdc.go.kr/knhanes/index.do

2013 건강행태 및 만성질환 통계집 https://knhanes.cdc.go.kr/knhanes/
　　index.do

경인일보(2015. 1. 23.) http://www.kyeongin.com/?mod=news&act=articl
　　eView&idxno=937215

파이낸셜 뉴스(2012. 12. 17.) http://media.daum.net/society/nation/news
　　view?newsid=20121217202010084

청와대 홈페이지 http://www1.president.go.kr/policy/assignment02.php&
　　http://www1.president.go.kr/policy/assignment03.php?ass_sub_
　　no=3

베이비부머의
사회활동 특성

[05]
베이비부머의 사회활동 특성

1. 들어가는 말

베이비붐세대는 여가생활의 새로운 의미를 발견하고 자신의 인생을 관리하기 시작한 첫 세대다(정성호, 2006). 현재 직장생활을 유지하고 있는 베이비부머는 상당 시간을 직장에서 일을 하며 보내고 있으나, 은퇴 이후 직장에 쏟았던 에너지와 시간을 대체할 다른 활동을 필요로 한다. 베이비부머가 가장 선호하는 노후생활은 여가활동, 사회적 기여활동, 자기계발 등의 사회활동에 75.2%가 집중되어 있어(정경희 외, 2013), 사회활동에 대한 관심이 높은 것을 확인할 수 있다. 그러나 관심이 높다고 하여 바로 활동으로 연결되는 것은 아니다. 인간은 나이가 들어감에 따라 변화하기보다는 이전에 자신이 했던 활동을 지속(이소정 외, 2010)하는 경향이 있기 때문에, 베이비부머가 은퇴 이후 여유시간이 늘어났다고 하여 이전에 한 번도 경험하지 않았던 활동을 새롭게 시작한다는 기대를 하기는 어렵다.

베이비부머가 갖고 있는 사회활동에 대한 관심을 실제 참여로 이끌어 낼 수 있도록 현재 베이비부머의 사회활동 특성, 관련 지원 제

도 및 서비스를 살펴봄으로써 효과적으로 사회활동을 하기 위한 방
안을 제시하고자 한다.

2. 사회활동 현황

베이비부머의 사회활동을 여가활동[1]과 사회참여활동, 평생교
육의 측면에서 살펴보고자 한다. 여가활동은 우울감, 스트레스 등
을 줄여 줄 수 있어 베이비부머의 삶의 만족도에 중요한 역할을 하
는 것으로 보고되고 있다(Rodrigueq Latkova Sun, 2008: 김미혜, 성
기옥, 문정화, 2014a 재인용). 중년층의 경우 여가생활이 삶의 만족
도에 긍정적 요인이 된다는 연구결과들이 많이 있다(김정운, 이장주,
2003; 류승아, 김경미, 최인철, 2011; 정순둘, 이현희, 2012). 정순둘 등
(2013b)의 연구에 따르면, 여가활동에 참여할수록 스스로 느끼는
건강상태 평가가 좋아진다고 하였으며, 자원봉사활동과 같은 여가
활동에 참여를 할수록 삶의 만족도 역시 커지는 것으로 나타났다(이
성규, 2014).

---

1) 활동의 의미에서 여가의 의미로 자유시간에 일어나는 활동 중에서도 일과 각종
의무로부터 벗어나 스스로 하고 싶다는 생각에서 참가하는 활동(김동진, 2007)

1) 여가활동

사회활동 중에서 가장 많은 비중을 차지하는 것은 여가활동이다. 베이비부머의 은퇴 후 노년기 여가에 대한 관심이 모아지면서 베이비부머의 라이프스타일도 여가중심으로 변모하고 있다(최혜련, 2011: 남순현, 김미혜, 2014 재인용). 중년기에 있는 많은 베이비부머는 생애주기에서 인생의 과도기에 놓여 있으므로 중년기 위기와 부조화를 겪을 수 있는데, 이러한 위기감을 줄이고 보다 건전한 인생을 영위하기 위해서는 적절한 여가활동이 필요하다(LU, 2011: 남순현, 김미혜, 2014 재인용). 노인의 여가활동은 타인과의 중요한 상호작용 및 심리적 문제완화 그리고 건강유지에 효과적인 역할을 하는 것으로 나타났다(백경숙 외, 2007: 정순둘, 박현주, 오은정, 2013a 재인용). 또한 사회적으로는 사회적 관계망 강화와 사회적 역할 부여를 가져오는 긍정적인 효과가 있다(김태현 외, 2013).

베이비부머의 69.4%가 여가활동이 중요하다고 응답하고 있으며, 이는 노후 삶에서 83.7%로 높아져 노후에 있어서 여가활동의 중요성이 더 높아질 것으로 생각하고 있다(정경희, 손창균, 박보미, 2010a). 특히 젊은 베이비붐세대로 갈수록 취미 · 여가활동에 대한 욕구가 높다.

(1) 평균 여가시간

베이비부머의 평균 여가시간을 살펴보면, 김미혜 등(2014a)은 베이비부머의 월 평균 여가활동시간을 51.43시간이라고 제시하였다.

이를 하루 평균(30일 기준)으로 나누면 1일 1.71시간 정도다. 여가시간에 대한 정의는 자유시간 포함 여부에 따라 차이가 있으나 자유시간에는 여가활동이 아닌 다른 활동들을 할 수 있기 때문에 여가와 구분되어야 한다. 평일과 주말의 평균 여가시간이 두 배 차이가 나며(보건복지부, 2011), 현재 80% 정도가 경제활동에 참여하고 있는 베이비부머의 특성상 평일에 일하고 주말에 쉬는 주기적인 생활패턴을 가지고 있는 것을 분석해 볼 수 있다.

김미혜 등(2014b)의 연구에서는 한국 베이비부머의 사회활동을 미국, 영국과 비교하여 제시하고 있다. 이 연구에 따르면 한국 베이비부머의 여가 및 문화활동 참여율은 5.7%로 영국의 베이비부머의 27.5%에 비해 여가활동 참여율이 현저히 낮다.

(2) 여가유형

여가유형을 살펴보면 베이비부머의 여가활동은 운동(스포츠) 22.6%, 산책 14.2%, 등산 13.2%로 운동과 관련된 항목이 가장 높은 비율을 차지하는 것으로 나타났으며, 운동이 아닌 경우는 책 읽기가 10.0%로 나타났다(정경희 외, 2010a). 그러나 전반적으로 위의 활동에 거의 집중되어 있어 여가활동의 범위가 매우 좁다. 여가활동의 빈도는 주 4회 이상인 경우가 전체의 34.2%로 가장 많았으며, 주 2~3회가 27.5%, 주 1회가 16.2%로 전체 베이비부머의 77.9%가 주 1회 이상 활동을 하고 있어 상당히 높은 것을 알 수 있다. 이들의 46.8%는 혼자서 여가활동을 하고 있었으며, 30.8%가 친구와 함께, 15.6%가 가족과 함께 여가활동을 하고 있는 것으로 나타났다

(정경희 외, 2010a).

2) 사회참여활동

(1) 사회활동 참여율

사회참여활동에 대한 인식을 살펴보면 베이비부머의 41.2%가 사회참여활동이 중요하다고 응답하였으며, 이후 노후의 삶에 있어서는 49.5%가 중요하다고 응답하였다(정경희 외, 2010a). 한국 베이비부머 패널연구를 통해 밝혀진 베이비부머의 사회참여율을 살펴보면 지역사회모임(예: 부녀회, 마을자치회활동)이나 시민사회모임, 정당활동, 그리고 자원봉사와 같은 사회참여(civic engagement) 성격의 활동에 하나라도 참여하고 있는 베이비부머는 전체의 21% 정도다. 이 중 가장 높은 참여율을 보이는 것은 지역사회활동으로, 베이비부머의 13.5%가 지역사회모임에 참여하고 있고, 다음으로 자원봉사모임(11.48%), 시민사회단체(3.8%), 정당(1.58%) 순으로 나타났다(한경혜 외, 2011b). 반면, 베이비부머의 고령화 패널을 분석한 자료를 바탕으로 나온 베이비부머의 자원봉사 참여율은 1.7%로 제시되어 있다(김미혜 외, 2014b). 연구마다 자원봉사활동에 대한 개념정의 및 조사항목에 차이가 있기 때문에 참여율에 대한 수치상의 차이가 큰 것으로 보인다. 상대적으로 미국 베이비부머의 자원봉사 참여율은 35.8%, 영국은 27.5%로 우리나라에 비해 현저히 높은 수준이다(김미혜 외, 2014b).

(2) 사회적 관계와 모임

사회적 관계는 가족, 친척, 이웃, 사회 등의 비공식적 지지체계와 소통 및 상호작용을 하는 것을 의미함과 동시에 정부나 공식적 조직을 통해 도움을 주고받는 관계를 포함한다. 사회적 관계는 긍정적 노화를 위한 중요한 요소가 되는데, 특히 은퇴를 앞둔 베이비부머에게 중요한 의미를 갖는다. 또 사회적 관계는 삶의 만족도에 영향을 미치는데, 사회적 관계가 잘 이루어질수록, 마음이 편안해져 만족감을 증가시킨다. 하지만 사회적 관계가 갈등적으로 이루어질 경우 만족감은 낮아질 수 있다(김미호, 문재우, 2013).

베이비부머는 각종 사회모임을 통해 다양한 인간관계를 맺고, 사회적인 지지망을 형성한다. 베이비부머는 친목모임에 8.3%가 참여하고 있다(한경혜 외, 2011a). 베이비부머가 참여하고 있는 다양한 사회모임 중 참여율이 가장 높은 활동은 동창모임(55.8%)으로 나타났으며, 평균 6개월에 두 번 정도 참여하고 있었다. 그 밖에 지역의 친구나 이웃과의 사교모임도 43.1%로 높았으며, 가장 자주 참여하는 모임은 종교활동으로 전체 31.4%가 참여하고 있었으며 한 달에 2~3회 이상으로 가장 높았다. 베이비부머가 참여하는 가장 보편적인 사회모임은 학연에 기반한 동창모임이지만, 일상적인 사회적 교류는 종교관련 활동이나 취미나 스포츠모임, 사교모임 등을 통해 이루어지고 있다(한경혜 외, 2011b).

다음의 〈표 5-1〉을 살펴보면, 베이비붐세대의 친구와의 접촉빈도는 만남의 횟수의 경우 주 2~3회가 24.9%로 다소 높았으며 주 1회 이상 친구와의 접촉 빈도도 19.7%에 달한다. 성별의 경우 남성의 경우를 살펴보면 월 1회의 빈도가 높았으며, 여성의 경우 주 2~3회로 친구와의 접촉 빈도가 다소 많았다. 그리고 전기 베이비부머와 후기 베이비부머의 경우 주 2~3회의 비율이 높다는 점을 볼 수 있다. 친구 수에 따라 차이를 분석한 결과, 베이비부머는 대체로 친구들을 주 2~3회 만나고 있었는데, 친구 수가 6명 이상으로 많은 경우 주 4회 이상 만나는 비율이 가장 높았다. 친구의 수가 많은 경우 사회적 관계를 더 적극적으로 만들어 가는 것을 볼 수 있다.

〈표 5-1〉 베이비부머의 제 특성별 친구와의 접촉 빈도

특성	주 4회 이상	주 2~3회	주 1회	2주 1회	월 1회	3개월 1회 미만	계	(명)
전체	17.5	24.9	19.6	12.6	19.1	6.3	100.0	2,796
출생연도								
1955~1959년생	16.7	26.6	19.3	13.0	19.0	5.5.	100.0	1,495
1960~1963년생	18.4	23.0	20.0	12.1	19.3	7.2	100.0	1,302
성별								
남성	13.8	20.0	19.5	13.5	24.9	8.3	100.0	1,318
여성	20.7	29.2	19.8	11.8	14.0	4.5	100.0	1,479
친구 수								
1명	19.7	21.1	17.7	9.8	21.4	10.3	100.0	329
2명	14.3	26.0	19.7	13.8	19.5	6.7	100.0	929
3명	14.3	26.0	20.6	13.4	19.4	6.4	100.0	758
4~5명	21.6	24.4	19.6	11.6	18.1	4.8	100.0	599
6명 이상	29.7	23.1	19.1	11.5	15.3	1.4	100.0	180

출처: 정경희 외(2010b). 베이비부머의 생활실태 및 복지욕구, p. 103. 세종: 한국보건사회연구원.

베이비붐세대가 은퇴 이후에 직장과 관련한 사회네트워크의 단절이 우려되는 상황에서 같은 지역사회의 친구나 이웃과의 모임, 종교활동은 노년기 이후에도 지속적으로 유지할 수 있는 중요한 사회자원으로 볼 수 있다.

(3) 자원봉사

노인들에게 자원봉사는 개인적으로는 자신이 가지고 있는 시간과 능력을 활용하여 타인에게 도움을 주고 노후생활에서 갖게 되는 열등감이나 소외감을 극복할 수 있다는 점에서 의의를 갖는다. 또한 사회적으로는 자원봉사활동을 통해 지역주민과 더불어 연대감을 제고하고, 세대 간 사회통합을 도모함과 동시에 유용한 인적 자원을 사회를 위해 활용한다는 중요한 의의를 가진다(김동배, 1999).

베이비붐세대가 자신의 자원봉사 참여 이유로 보람 있는 여가(28.6%), 사회적 책임감/의무감(19.2%) 순으로 응답한 것을 비추어볼 때(정경희 외, 2010a), 자원봉사활동을 활성화하기 위해서는 베이비붐세대가 보람을 느끼고 사회적으로 기여할 수 있 는 봉사활동을 개발하는 동시에, 자원봉사활동에 대한 사회적인 인정이 함께 이루어져야 한다.

자원봉사에 참여하는 베이비부머의 경우 5년 이상의 장기 참여비율이 51.8%에 이르러(정경희 외, 2010b), 한번 자원봉사활동을 하게 되면 이의 지속 가능성이 높은 것을 확인할 수 있다. 자원봉사 참여 빈도는 월 1회가 36.8%로 가장 높았으며, 주 1회인 경우도 22.4%에 이르렀다(정경희 외, 2010b). 점차 사회적으로 자원봉사활동의 영역이 확장되고 그 필요성이 강조되고 있는 시점에서 안정적인 자원봉사 인력으로서 베이비부머의 자원봉사활동 촉진을 위한 다양한 노력이 필요함을 다시 확인할 수 있다. 노인의 자원봉사활동 희망 비율은 노인이 되기 전에 자원봉사활동을 경험했느냐에 따라 달라진다(남기철, 2011). 김미혜 등(2014a)의 선행연구에서 베이비부머의 과거 자원봉사활동 경험은 노후의 자원봉사활동 여부 결정에 가장 큰 영향력을 갖는 것으로 나타났다. 또한 단순히 노후에 여유 시간이 많아져 자원봉사활동으로 연결되는 것이 아니고, 개인적인 가치와 지향에 따라 노년기 자원봉사활동 참여가 이루어진다고 하고 있어 베이비부머의 욕구를 만족시킬 수 있는 자원봉사 전략이 필요함을 시사한다. 현재 우리나라의 고령층 자원봉사활동 참여율이 다른 주요 국가의 자원봉사활동 참여율에 비해 현저히 낮음을 살펴볼 때 베이비부머의 자원봉사활동의 경험과 인식을 높이는 것이 이후 노인 자원봉사활동의 활성화 여부를 결정지을 수 있을 것으로 분석된다.

(4) 사회단체 및 정치 참여

베이비부머의 사회단체 및 정치 참여는 아직 미미한 수준이며, 이후에 참여하고자 하는 의사도 3.4%로 낮다(정경희 외, 2010a). 이는 우리나라에서 전반적으로 정치에 대한 신뢰도가 낮고 자신의 목소리를 적극적으로 내는 것에 대한 부정적인 인식이 많은 것과 관련이 있다고 본다. 개인적 인연으로 활동하는 것보다 타인과 함께하는 지역모임은 상대적으로 적은 편이다. 아직까지 노후생활이 개인을 중심에 두고 있으며, 사회적 활동으로 인지하는 베이비부머가 적다.

3) 평생교육

평생교육 측면에서 베이비부머가 전 세대 노인과 다른 점은 교육
수준이 상대적으로 높다는 것이다. 다시 말해, 기존의 전 세대 노인
의 평생교육이 문해교육을 중요하게 다룬 반면, 베이비부머의 평생
교육은 좀 더 복잡한 다른 양상을 보이게 된다는 것이다. 베이비붐
세대의 평생교육 참여율은 24.3%로 전체 세대의 30.5%에 비해 상
대적으로 낮다(이윤경, 염주희, 황남희, 양찬미, 2013). 이는 아직 은퇴
하기 전으로 평생교육에 투자할 시간이 없거나, 현재의 평생교육 커
리큘럼이 다양한 욕구를 가지고 있는 베이비붐세대를 만족시키지
못하거나, 정보가 부족하여 접근하기 어렵다는 등 여러 가지 원인이
있을 수 있다. 평생교육 유형을 살펴보면 베이비부머가 공식교육에
참여하는 비율은 1.6%였으며, 비공식교육은 23.5%가 참여하여 공
식교육보다는 비공식교육의 비율이 높았다(정경희 외, 2013).

평생교육에 참여한다는 것은 단순히 교육을 연장한다는 의미보다
는 사회참여의 영향요인으로 작용할 수 있다. 일례로 빠르게 변화하
는 디지털 사회에서 디지털 기기 사용 및 디지털 기기를 이용한 사
회참여가 노인 삶의 만족도에 긍정적인 영향을 미치고 있다는 연구
결과(Park, 2013: 김태현 외, 2013 재인용)를 볼 때 정보와 사회참여
측면에서 소외될 수 있는 계층에게 다양한 평생교육을 제공하는 것
은 매우 중요하다. 베이비부머는 현재보다는 앞으로의 평생교육 참

여에 대한 잠재력이 높은 그룹이기 때문에 앞으로의 동향에 대해 면밀하게 살펴볼 필요가 있다.

3. 관련 정책, 서비스, 제도

1) 현재의 정책 방향

〈표 5-2〉는 현재 우리나라에서 추진하고 있는 전략 및 국정과제 중 베이비부머의 사회활동에 해당하는 것을 제시한 것이다. 베이비 붐세대가 평생학습 참여에 대한 잠재력은 높으나 참여율이 낮은 현 상황에서 국가적인 평생학습체제 구축 전략은 앞으로도 더욱 강조

〈표 5-2〉 사회활동 관련 전략 및 국정과제

전략	국정과제	세부내용
전문인재 및 평생학습	100세 시대 국가 평생학습체제 구축	• 평생학습에 대한 다양한 참여기반 및 맞춤형 교육 프로그램 제공을 통해 스마트 국가 평생학습체제 구축
문화참여 기회, 문화격차 해소	문화참여 기회 확대와 문화 격차 해소	• 생애주기별 문화향유 지원체계 구축 • 장애인 등 문화소외계층 문화향유 권리 보장 • 지역 문화 격차 해소
생활문화 공간 조성	생태 휴식 공간 확대 등 행복한 생활문화 공간 조성	• 공원, 녹지, 하천 등 일상생활 여건 개선을 통해 모든 국민이 함께 누리는 행복한 생활문화 공간 조성

출처: 청와대 홈페이지.

될 것으로 보인다. 또한 베이비부머의 문화 격차를 해소하여 문화소
외계층의 여가활동 참여를 높이는 한편, 생활 공간 주변에 생태휴식
공간을 확대하여 누구나 여가시간에 활용할 수 있도록 하는 정책방
향은 베이비부머의 사회활동에 긍정적인 영향을 미칠 것으로 기대
된다.

제2차 저출산 · 고령사회 기본계획에서는 노후생활 설계 강화 분
야에서 노후설계 프로그램 개발 및 표준화를, 다양한 사회참여 · 여
가문화개발 분야에서 고령자 자원봉사활동의 전문화, 고령자 여가
문화 프로그램 개발 보급을 중점과제로 제시하고 있다(보건복지부,
2010).

베이비붐세대를 위해 마련된 노후설계 프로그램을 제공하기 위해
기존의 노인복지관뿐 아니라 인생이모작센터라는 신규 전달체계를
2013년부터 마련하였으며, 베이비부머들이 필요한 정보와 지원을
받을 수 있도록 돕고 있다. 신규 전달체계를 만드는 것이 반드시 바
람직한 결론을 내는 것은 아니지만, 기존의 전달체계가 포화상태인
것을 반영한다면 신규 조직이 잘 기능할 수 있도록 할 필요가 있다.

2) 사회활동 지원 정책 및 서비스

(1) 여가활동 지원

베이비부머를 위한 여가서비스로는 다음과 같은 것이 있다. 첫째,
여행 바우처 제도가 있는데 이는 국내 여행을 누리기 위해 국가 차
원에서 여행자금을 지원해 주는 제도다. 여행 바우처는 취약계층에

게 제공하는 것으로 여행의 기회를 넓혀 주면서 그들의 삶의 질을 향상시키기 위한 제도다(김맹선, 이문주, 2014). 여행 바우처에는 개별 여행 바우처, 복지시설단체 여행 바우처, 지방자치단체기획 여행 바우처가 있다. 둘째, 문화 바우처가 있다. 이는 경제적인 어려움으로 인해 여가문화생활을 누리지 못하는 경우 지원해 주는 제도다. 기초생활수급자와 법정 차상위 계층, 즉 경제적 소외계층을 대상으로 하여 문화생활을 할 수 있도록 문화카드를 제공하는 복지 정책을 들 수 있다(용호성, 2012). 셋째, 컬처데이가 있다. 매달 마지막 수요일은 문화가 있는 날로서 문화시설을 할인 또는 무료로 이용할 수 있도록 하고 있다(문화체육관광부, 2014. 5. 20.). 넷째, 문화누리카드는 여가생활을 하는 데 어려움이 있는 소외계층을 위한 서비스(문화체육관광부, 2013. 10. 17.)인데, 이는 문화, 여행, 스포츠 관람 등의 기회를 제공해서 삶의 만족도를 높이기 위해 추진되었다.

(2) 자원봉사

현재 사회참여 지원사업으로는 크게 노인자원봉사사업과 시니어봉사단이 있다. 노인자원봉사사업은 자원봉사활동을 통한 사회참여 지원사업으로 사회적인 문제를 해결해 나가는 데 중점을 두고, 지역사회와 적절한 상호작용을 해 나가는 데 목표를 두고 있다(한정란, 2015). 노인사회참여 지원을 위해 경로당과 노인복지관을 중심으로 구성된 노인자원봉사클럽(봉사단)을 운영·지원하고 있으며, 지속적인 자원봉사활동을 수행할 수 있도록 월 20만 원의 운영비를 최대 8개월간 지원하고 있다. 노인 일자리와 관련된 업무를 주로 담당하는 시니어클럽에서도 사회교육과 자원봉사 프로그램을 시행하고 있다(강신욱, 모선희, 2007). 하지만 홍보부족으로 인해 이러한 사업은 잘 알려지지 않은 실정이다. 앞으로 자원봉사에 관심을 가지고 있는 베이비붐세대와 노년세대를 위해 사회참여활동의 홍보를 활성화시킬 필요가 있다. 시니어봉사단의 경우 사회적인 문제들을 해결해 나가는 데 중점을 두고 있으며, 봉사자의 경력 및 시민 의식을 높이는 것에 중점을 두고 있다(변루나, 김영숙, 현택수, 2011).

(3) 노후설계 및 평생교육

노후설계 프로그램 개발 및 표준화를 위해 2013년부터 서울인생이모작센터(노후설계종합지원센터)를 새롭게 도입하였으며, 인생이모작센터에서는 사회공헌아카데미, NPO비기너 스쿨, 시니어전문자원봉사단, 인문학 아카데미 등을 진행하고 있다. 인생이모작센터는 베이비부머를 직접 타겟으로 하여 만들어진 시설로 점차 확대될 예정이다(서울인생이모작센터 홈페이지, www.seoulsenior.or.kr).

「노인복지법」 제36조에는 노인 여가복지시설을 노인복지관, 경로당, 노인교실로 명시하고 있는데, 이 기관들에서 주로 노인 여가활동과 평생교육이 실시되고 있다. 노인복지관은 대표적인 여가지원시설로 60세 이상의 노인을 주 대상으로 하고 있다. 베이비붐세대가 막 60세에 들어서고 있는 만큼 미래의 베이비부머 역시 이용 가능하다. 노인복지관에서는 취미여가지원사업, 사회참여지원사업, 노후설계지원사업, 노인사회활동지원사업(「노인복지법」 제23조,[2] 「저출산·고령사회기본법」 제14조[3])을 주로 담당하고 있어 여가지원

거점기관으로서 역할을 하고 있다. 노년교육 참여자의 92.2%는 노인복지관의 노년대학을 이용하여 교육을 받고 있다(김태준, 2007: 이윤경 외, 2013 재인용).

대표적인 노인여가시설인 노인복지관에서 베이비붐세대(예비 노인)를 위한 노후설계 지원사업이 기본사업으로 추가되었지만(보건복지부, 2015a), 이미 노인복지관의 서비스는 기존의 노인들에게 서비스를 제공하기에도 포화상태여서 신규로 베이비부머를 수용하는 것이 쉽지 않다. 또한 베이비부머에게도 노인복지관은 그다지 매력적인 공간이 아닐 수 있다. 우리 사회에 만연해 있는 노인과 복지기관에 대한 편견 때문이라고도 볼 수 있고, 베이비부머는 아직 노인으로서 자신을 인식하기 어려운 시기이기 때문에 선뜻 찾아가기에는 어려움이 있다. 노인복지관의 기존 이용자가 순환되지 않고 함께 고령화된다는 것도 이들이 노인복지관을 꺼리는 다른 이유가 될 수도 있다. 노인의 연령 범위가 넓기 때문에 자신의 부모세대의 노인과 함께 프로그램이나 교육에 참가하기란 쉽지 않기 때문이다. 그리고 베이비부머가 찾아온다고 하여도 마땅히 이용할 프로그램을 찾기란 어렵다.

현재 경로당을 지역의 노인복지, 정보센터, 노인학대지킴이센터

---

2) 국가 또는 지방자치단체는 노인의 사회참여 확대를 위하여 노인의 지역봉사활동 기회를 넓히고 노인에게 적합한 직종의 개발과 그 보급을 위한 시책을 강구하며 근로 능력이 있는 노인에게 일할 기회를 우선적으로 제공하도록 노력하여야 한다.
3) 국가 및 지방자치단체는 자원봉사 등 노인의 사회활동 참여를 촉진하는 사회적 기반을 조성하여야 한다.

로 기능혁신을 하고자 하고 있으며, 자원봉사활동, 공동작업장 운영, 노후생활교육, 레크리에이션 활동, 건강운동 활성화 프로그램, 노인복지관 연계 프로그램을 운영할 수 있도록 하고 있다(보건복지부, 2015a). 노인사회활동 지원사업 중에서 재능과 경험이 있는 노인에게 취약·학대노인 발굴, 상담, 교육 등 노인 권익증진활동 등을 추진할 수 있도록 하고 있어 사회활동 지원의 일환으로 볼 수 있다(보건복지부, 2015b). 그러나 경로당의 경우에도 연령대가 높은 노인이 가는 휴식공간이라는 이미지가 강해 베이비부머가 이용하기에는 다소 무리가 있다.

(4) 해피시니어 프로젝트

희망제작소는 해피시니어 프로젝트의 일환으로 '행복설계아카데미'를 진행하고 있으며, 퇴직(예정)자들이 제2의 인생을 설계하고 사회공헌활동에 참여할 수 있도록 지원해 왔다. 사회공헌활동 사례를 발굴하는 한편, 사회공헌 문화를 사회 전체적으로 확산하기 위해 해피시니어 어워즈를 2008년부터 진행하고 있으며, 시니어 사회공헌 아이디어 공모전인 시니어드림페스티벌을 진행하고 있다. 여기에는 베이비부머뿐 아니라 청년세대도 함께 참여하여 세대를 아우르는 경험을 제공하고자 하는 기대가 담겨 있다. 희망제작소의 해피시니어 프로젝트는 큰 비중을 갖지는 않지만 베이비부머를 위해 새로운 실험들을 하고 있다는 점에서 고무적으로 볼 수 있다(희망제작소, 2013).

4. 미래 대응 방안

　다른 연령층에 비해 은퇴 이후 베이비부머는 여가시간이 급격히 늘어나게 된다. 이러한 여가시간에 대부분의 기존 노인은 TV 시청을 하면서 가장 많은 시간을 보내고 있지만, 베이비부머는 기존 노인과는 다른 특성을 가지고 있다. 현재의 베이비부머는 은퇴하기에는 너무 젊고 건강한 나이이며, 이들 스스로도 자신들의 평균수명이 높음을 자각하고 있어 이 시간을 보람 있게 보내고자 하는 욕구도 상대적으로 높다. 따라서 이들이 자기 자신에게 맞는 적절한 여가생활을 할 수 있도록 기반을 마련하는 것이 필요하다. 대책의 방향은 다음과 같다.

1) 베이비부머 맞춤형 여가활동 개발

　베이비부머가 현재 즐기고 있는 여가활동 대부분이 운동과 친목모임에 집중되어 있는 것과는 달리 이후 노년기에 접어들었을 때 즐기고 싶은 여가활동으로 36.3%가 여행(정경희 외, 2010a)을 꼽았다는 것은 주목할 만하다. 베이비부머는 평생교육, 여가문화 활성화를 위한 선두그룹이 될 수 있는 잠재된 가능성이 있다. 그러나 현재의 베이비붐세대가 주로 생계를 위해 산업현장에서 노동자로 일하면서 자신을 위한 특별한 여가활동을 영위하지 못했음을 생각해 볼 때 앞으로 더욱 활기차게 살 수 있도록 사회적으로 다각적인 노력이 필요하다. 베이비부머를 위한 다양한 문화공연이나, 여행상품 등을 개발하여 이들의 여가지원뿐 아니라 국내 경제 활성화에도 도움이 될 수 있도록 하는 방안이 마련되어야 한다.

베이비붐세대가 미래의 노년기에 진입하게 되면, 교육수준에 있어서 고학력인 새로운 노인세대가 될 것이며, 안정된 직업을 통해 공적연금을 받게 되는 등 현재의 노인세대에 비해 안정된 세대가 될 것으로 전망된다. 그럼에도 한편으로 부양과 보육이라는 이중부담으로 인해 베이비붐세대는 충분한 여가시간을 갖지 못하는 상황에 놓여 있어 이들을 위한 맞춤형 제도를 마련할 필요가 있다.

2) 자원으로 활용

자원봉사는 사회참여활동 중에서도 중요하게 다루어지고 있다. 은퇴한 베이비부머는 전문적인 기술과 숙련된 경험을 가지고 있으며, 무엇보다 지속적인 활동이 가능한 인력이라는 점에서 매력적인 자원봉사자가 될 수 있다. 은퇴 이후 베이비부머의 여유시간이 증가할 것으로 예상됨에 따라, 능력 있는 베이비부머를 자연스럽게 자원봉사활동으로 유도할 수 있도록 해야 한다. 현재 베이비부머의 자원봉사활동은 전체 20대 이상 자원봉사 참여율 20%(행정안전부, 2008: 박영란, 2011 재인용)에 비해 절반 정도이지만, 이에 반해 참여하고 싶다는 의견은 56% 정도로 높아(정경희 외, 2010b) 고무적이다.

베이비붐세대를 위해 비영리 단체를 통해 자원봉사활동을 하도록 기회를 확장시키고, 국가, 회사, 학교를 통해 사회에 대한 기여를 할 수 있는 기회를 제공하는 것이 필요하다(박지숭, 2012). 자원봉사 수요기관은 단순 노력봉사뿐 아니라 베이비부머에 맞춘 특화된 자원봉사거리를 개발해야 한다. 이를 위해서는 정책수립자, 자원봉사센터나 사회복지기관들이 공모, 간담회 등의 다양한 형태로 베이비부머의 의견수렴을 할 필요가 있다. 나아가 자원봉사에 참여한 경우 국가 차원에서 시니어 인센티브(디스카운트) 제도(이수진 외, 2011) 또는 문화 포인트 제도를 도입한다면 은퇴 후 여가생활을 하는 데 있어 경제적인 부담을 경감시켜 줄 수 있을 것이다. 또한 각 기업에도 베이비부머의 여가활동 참여에 관한 긍정적인 면을 인식시키고, 여가경력관리를 독려할 수 있도록 혜택을 준다면 베이비붐세대는 일과 삶에 있어서 활력을 얻을 수 있기 때문에 좋은 방안이 될 것이다. 현재 보건복지부와 행정자치부로 이원화되어 있는 자원봉사 관리 시스템을 통합하고, 자원봉사자에 대한 인센티브 제공 및 자원봉사 관리자에 대한 지속적인 교육도 함께 이루어져야 한다.

3) 사회적 관계 향상을 위한 교육 개발

기존의 평생교육 제공 기관에서 중장년인 베이비부머에 특화되어 있는 커리큘럼을 찾기란 쉽지 않다. 다가오는 베이비붐세대에 대비하여 기존의 노인들과는 또 다른 세대인 그들의 욕구에 맞는 취미와 여가문화생활을 적극적으로 개발하여 참여하도록 독려하며, 다양한 평생교육 프로그램을 제공하여야 한다.

무엇보다 중요한 것은 은퇴 이후의 사회적 관계를 발전시키고, 좋은 관계를 유지하기 위한 교육이다. 베이비부머는 사회적 관계를 통해 다양한 활동을 할 수 있고, 정서적으로 지지가 되는 등 서로의 노후생활에 긍정적인 영향을 미칠 수 있다. 그러나 베이비부머의 사회적 관계 영역에 대한 노후준비는 다른 영역과 비교해 볼 때 가장 낮다(헤럴드경제, 2012. 2. 21.). 특히 남성 베이비부머는 그동안 일이 인생의 거의 대부분을 차지하였기 때문에, 일로 인한 관계를 제외하고는 사회적 관계 맺기가 어려운 경우가 많다. 은퇴 이후의 가족 갈등은 대부분 기존 관계의 재정립 실패에서 나타나며, 이를 위해서 긍정적인 관계 맺기를 위한 교육과 상담 등이 제공될 필요가 있다

4) 교류의 장 마련

어느 사회에서나 중추적인 역할을 해 온 것은 중년세대라는 측면에서, 베이비부머는 오늘날 한국 사회의 새로운 질서를 만들어야 하는 책임을 지닌다(정성호, 2006). 그러기 위해서는 서로 교류할 수 있는 장이 마련되어야 한다. 베이비붐세대의 경우 사람들과 어울리면서 자신을 계발하고 자신들의 의견을 모을 수 있는 공간이 절대적으로 부족한 상황이다.

우선 오프라인에서는 베이비붐세대를 위한 교류와 배움의 공간으로 노인복지관이나 경로당에 비해 상대적으로 젊은 사람들이 이용하는 도서관, 박물관 및 미술관, 시민회관, 여성회관 등을 활용할 수 있다(보건복지부, 2005; 이수진, 허선희, 홍순영, 2011). 베이비부머가 주축이 되는 사회단체도 하나의 대안이 될 수 있다. 베이비부머의

정치사회단체활동은 현재는 아주 미미하지만, 사회에서 중요한 목소리를 낼 수 있는 어른으로서 제 역할을 할 수 있도록 지원하는 것이 필요하다. 베이비부머가 다양한 사회 이슈에 대해 관심을 가지고 적극적으로 참여할 수 있도록 사회적으로 역할을 부여하고, 사회적 기여에 대해 충분히 인정받을 수 있는 환경 조성이 요구된다.

또한 온라인을 활용하여 베이비부머가 서로 교류할 수 있는 장을 마련할 수 있다. 현재 우리 사회의 경우 정보통신 발달로 인해 인터넷과 스마트폰 등의 정보기술이 발달되어 있으며, 많은 사람들이 온라인을 통하여 서로 교류하고, 자신들의 의견을 내고 있다. 베이비부머의 경우 빠르게 변화하는 사회에서 이를 따라가기가 쉽지 않은 상황이지만, 베이비붐세대가 공감할 수 있는 공유의 장으로서 온라인의 활용은 필수적이다. 또한 인터넷과 스마트폰은 노후에 필요한 활동과 교육에 대한 정보를 접하고 자신이 가지고 있는 경험과 노하우를 공유할 수 있는 귀중한 통로가 되기 때문에, 인터넷이나 스마트폰에 대한 교육 프로그램이 활발히 이루어져야 한다.

[참고문헌]

강신옥, 모선희(2007). 노인인력활용 프로그램에 관한 한·일 비교연구. 노인복
　　지연구, 1, 38.

김동배(1999). 노인자원봉사활동을 통한 사회통합프로그램 개발. 서울: 집문당.

김동진(2007). 활기찬 노년을 위한 여가활동. 제3기 인생 길라잡이 시리즈. 서울;
　　서울대학교 출판부.

김맹선, 이문주(2014). 정부의 소외계층을 대상으로 한 여행바우처 사업의 효
　　율성 제고 방안. 관광·레저연구, 26(2), 391-404.

김미혜, 성기옥, 문정화(2014a). 베이비부머의 노후자원봉사 참여 결정 영향요
　　인에 관한 연구. 노인복지연구, 66.

김미혜, 정순둘, 박현주(2014b). 베이비부머의 신체적 건강 및 심리사회적 특
　　성: 한국, 미국, 영국 고령화패널 비교분석. Journal of the Korean Data
　　Analysis Society, 16(2).

김미호, 문재우(2013). 노인의 가족관계와 사회적 관계가 우울과 자살생각에
　　미치는 영향. 한국케어매니지먼트연구, 10, 1-26.

김정운, 이장주(2003). 여가와 삶의 질: 중년부부를 중심으로. 여가학연구, 1(2),
　　1-10.

김태현, 차흥봉, 권순만, 김미혜, 선우덕, 원장원, 유형준, 이동우, 이연숙, 이철
　　구, 정경희, 최성재, 최혜지, 한창수, 홍백의(2013). 건강노화와 활동적
　　노년을 위한 새로운 지평. 제20차 세계노년학·노인의학대회 주요논문
　　분석과 관련 정책 제안.

남기철(2011). 100세 시대 고령자 사회참여와 자원봉사. 노인사회참여활성화포
　　럼 자료집.

남순현, 김미혜(2014). 베이비부머의 여가중심 라이프스타일, 은퇴준비 및 부
　　부여가활동이 삶의 만족도에 미치는 영향. 한국노년학회지, 34(1).

류승아, 김경미, 최인철(2011). 중년기 여가생활이 행복과 건강에 미치는 영향
　　에 대한 종단 연구. 한국심리학회지: 문화 및 사회문제, 17(4), 415-434.

박영란(2011). 노인자원봉사 현황 및 발전방향. 노인사회참여활성화포럼 자료집.

박지숭(2012). 도시지역 50 대장년층의 여가생활실태와 정책과제. 보건복지포
　　럼, 75-84.

변루나, 김영숙, 현택수(2011). 베이비붐세대 은퇴 후 사회참여 지원정책에 관

한 한·일 비교연구. 보건사회연구, 31(4), 315-344.

보건복지부(2005). 저출산·고령화에 따른 미래사회의 문화적 변화 예측 및 대응 방안. 대통령자문 고령화 및 미래사회위원회. 미래위 총서 9.

보건복지부(2010). **제2차 저출산-고령사회 기본계획.**

보건복지부(2011). 제9차 베이비붐세대 미래구상포럼-베이비붐세대의 여가문화 활동 욕구 및 대응전략 모색.

보건복지부(2015a). **2015 노인보건복지사업안내.**

보건복지부(2015b). 2015 노인 사회활동(노인일자리) 지원사업 종합안내.

석상훈, 권혁창, 송현주, 이은영, 오지연, 신혜리, 김균희(2011). 우리나라 중·고령자의 노후준비 실태와 기대 I - 제3차(2010년도) 국민노후보장패널 부가조사 분석보고서 -. 국민연금연구원.

용호성(2012). 문화바우처정책의 쟁점과 방향. **문화정책논총,** 26(1), 99-124.

이성규(2014). 베이비부머의 삶의 만족도에 영향을 미치는 요인: 성별 차이를 중심으로. **디지털융복합연구,** 12(10), 73-86.

이소정, 김수봉, 염지혜, 박보미, 최성미(2010). 신노인층의 일과 여가에 대한 욕구와 정책적 함의. 세종: 한국보건사회연구원.

이수진, 허선희, 홍순영(2011). 베이비붐세대 은퇴에 따른 여가소비문화 활성화 방안. 경기개발연구원 기본연구, 1-230.

이윤경, 염주희, 황남희, 양찬미(2013). **평생교육 관점에서 바라본 노년 교육의 현황과 정책과제.** 세종: 한국보건사회연구원.

정성호(2006). **중년의 사회학.** 파주: 살림출판사.

정경희, 손창균, 박보미(2010a). **신노인층의 특징과 정책과제.** 세종: 한국보건사회연구원.

정경희, 오영희, 황남희, 신현구, 남효정(2013). 미래 고령사회 대응 베이비붐세대 및 전후세대 실적분석. 세종: 한국보건사회연구원.

정경희, 이소정, 이윤경, 김수봉, 선우덕, 오영희, 김경래, 박보미, 유혜영, 이은진(2010b). 베이비부머의 생활실태 및 복지욕구. 세종: 보건사회연구원.

정순둘, 박현주, 오은정(2013a). 베이비부머의 은퇴 후 희망 노후생활 유형에 영향을 미치는 요인. 노인복지연구, 62.

정순둘, 서송주, 박효진(2013b). 베이비부머의 여가만족도와 삶의 만족도의 관계: 주관적 신체건강과 주관적 정신건강의 매개효과를 중심으로. 여가학연구, 11(2).

정순둘, 이현희(2012). 가족특성과 노후준비의 관계: 베이비붐세대와 예비노인세대의 비교. 노인복지연구, 58, 209-231. 한경혜, 최현자, 은기수, 이정화, 주소현, 김주현(2011a). Korean Baby Boomers in Transition: 한국 베이비부머들의 삶의 지평. 서울대학교노화고령사회연구소 & 메트라이프코리아재단.

한경혜, 최현자, 은기수, 이정화, 주소현, 김주현(2011b). Korean Baby Boomers in Transition: 한국의 베이비부머 연구. 서울대학교노화고령사회연구소 & 메트라이프코리아재단.

한정란(2015). 전문 노인자원봉사활동 참여의 효과: 복지부. 한국사회복지조사연구, 43(단일호), 127-148.

문화체육관광부(2013.10.17.). "통합문화이용권(문화누리카드)." http://www.mcst.go.kr/web/s_open/realnmPolicy/realnmPolicyView.jsp?pSeq=27

문화체육관광부(2014. 5. 20.). "문화가 있는 날." http://www.mcst.go.kr/web/s_open/realnmPolicy/realnmPolicyView.jsp?pSeq=41

서울인생이모작센터 홈페이지 www.seoulsenior.or.kr

헤럴드경제(2012.2.21.). http://media.daum.net/society/others/newsview?newsid=20120221102009560

희망제작소(2013). "시니어 사회공헌 문화 확산을 위한 실험 - 희망제작소 해피시니어 어워즈와 시니어드림페스티벌을 중심으로. 희망리포트24호." http://www.makehope.org/%ec%8b%9c%eb%8b%88%ec%96%b4-%ec%82%ac%ed%9a%8c%ea%b3%b5%ed%97%8c-%eb%ac%b8%ed%99%94-%ed%99%95%ec%82%b0%ec%9d%84-%ec%9c%84%ed%95%9c-%ec%8b%a4%ed%97%98-%ed%9d%ac%eb%a7%9d%ec%a0%9c%ec%9e%91%ec%86%8c/

청와대 홈페이지 http://www1.president.go.kr/policy/assignment02.php?ass_sub_no=2 & http://www1.president.go.kr/policy/assignment03.php

06

베이비부머의
특성과 전망

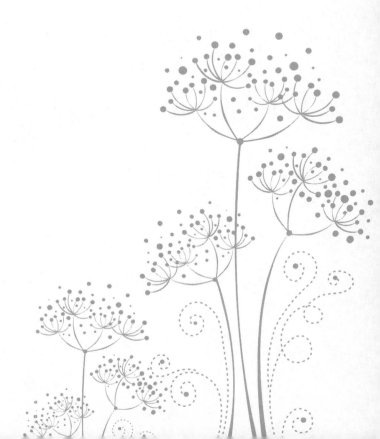

[06]
베이비부머의 특성과 전망

전체 인구의 약 14.6%를 차지하고 있는 베이비붐세대가 본격적인 은퇴를 맞이하면서 베이비부머에 대한 관심이 높아지고 있다. 현재 베이비붐세대는 충분히 준비가 되지 않은 상태에서 은퇴를 경험하고 있으며, 노년으로 넘어가고 있는 과도기에 놓여 있다. 현재 대부분이 50대인 베이비부머가 노인세대에 진입하기까지는 약 5~15년 정도가 남아 있다. 2026년 초고령사회와 2031년 총인구 감소가 예상되고 있는 상황에서 베이비부머의 노후준비는 당사자와 사회 모두에게 중요한 과제임이 틀림없다. 이러한 상황에서 베이비부머의 삶을 살펴보고 미래를 예측해 보는 작업은 중요한 의의를 가진다.

우선 베이비붐세대의 가족, 경제, 건강, 사회활동을 분석해 본 결과, 다음과 같은 특성을 찾을 수 있었으며, 이에 따른 방안을 간단히 제시하면 다음과 같다.

① 부모와 가족 사이의 낀 세대
인생주기상 베이비부머는 중년기에 해당하고, 가족 내에서 부모 부양과 자녀 부양을 책임지고 있는 샌드위치세대이며, 배우자와 독신의 자녀와 함께 살고 있다. 게다가 자녀세대의 교육, 취업, 혼인 등의 스트레스를 받고 있다. 부모와 함께 동거하는 비율은 상대적으로 낮지만, 현금지원이나 집안일과 같은 도움을 제공하면서 부모를 부양하고 있는 상황이다. 대다수가 가족관계에 만족하는 편이며, 부부만 사는 1세대 가구의 만족도가 자녀 동거 가구에 비해 높았다. 그러나 베이비부머가 은퇴한 이후에 가족과 함께하는 시간이 증가하면서 가족 갈외, 특히 배우자 간의 갈등이 증가하는 등 어려움을 겪는 경우가 많아 이에 대한 상담지원 등이 필요하다.

② 소득을 위한 경제활동을 해야 하는 세대

베이비부머는 경제적으로 이전 세대인 노인에 비해 상대적으로 안정적이지만, 근로소득에의 의존도가 높고 가족 부양 등으로 인해 소비지출이 높은 시기이기 때문에 은퇴 이후 경제적으로 어려워진다. 베이비부머의 은퇴는 사실상의 실직상태와 비슷하여 경제적 압박을 받게 되고 대부분은 재취업 등을 통해 70대 초반까지 경제활동을 연장하고 있다. 물론 경제활동은 가계의 소득보전이 가장 큰 원인이기는 하지만, 부가적으로 일로 인한 긍정적인 요소(건강, 인간관계, 사회적 역할 부여 등)를 함께 얻을 수 있기 때문에 경제활동이 사회적 활동으로 이어져 노년의 삶을 풍요롭게 할 수 있어 바람직한 면도 있다.

③ 건강한 100세를 바라보는 세대

건강은 그 자체로도 중요하지만 베이비부머의 가족관계와 경제, 일상생활 및 사회활동 등 삶의 전반적인 부분에 영향을 크게 미치기 때문에 더욱더 중요하게 여겨진다. 베이비부머는 현재 중년기에 해당하여 갱년기현상을 겪을 시기이며, 예비노인으로서 자연스럽게 노화과정을 겪고 있다. 전체 베이비부머의 60%가 건강한 상태이고, 다른 연령대에 비해 건강관리에도 열심인 것은 고무적이다. 집 주변을 활용한 생활 속의 건강실천으로 베이비부머는 그들의 이전 세대인 현재 노인들에 비해 더 오랫동안 건강한 삶을 영위할 수 있을 것으로 예상된다. 현재의 베이비부머의 건강 이상은 앞으로 노년기의 베이비부머의 건강과 직결되기 때문에, 건강수명을 늘리기 위한 예방 차원에서의 적극적인 지원이 필요하다.

④ 생산적 사회활동이 기대되는 세대

베이비부머의 대부분은 경제활동을 하고 있기 때문에 이들의 사회활동은 현재 삶에서 큰 비중을 차지하지는 않는다. 베이비부머는 여가시간을 대부분 휴식하면서 보내며, 이는 적극적인 여가활동에 포함되지 않기 때문에 실제적인 여가활동시간은 아주 적은 편이다. 그러나 많은 베이비부머가 은퇴 이후에 여가활동을 즐기는 삶을 꿈꾸고 있어 베이비부머가 여가를 즐길 수 있는 다양한 거리들이 개발된다면 생산적 사회활동이 크게 활성화될 수 있을 것으로 보인다. 또한 베이비부머의 은퇴는 사회적으로 큰 기회가 될 수 있다. 역량 있는 유휴 인력이 복지, 환경, 인권 등의 공익활동이나 바람직한 형태의 정치활동을 통해 사회에 기여할 수 있다. 그러기 위해서는 베이비부머에 맞는 자원봉사활동을 개발하는 동시에, 베이비부머가 봉사활동을 경험할 수 있도록 독려할 필요가 있다. 또한 자신의 즐거움보다는 주로 생계를 위한 활동을 해 온 베이비붐세대에게 은퇴 이후 새로운 배움의 기쁨을 제공할 수 있도록 그들에게 맞는 평생교육 커리큘럼의 개발이 필요하다.

⑤ 삶을 즐기는 세대

삶의 만족도는 생활만족도와 같은 용어로 혼용되어 사용되기도 하지만, 대체로 자신의 인생이 어느 정도 만족스러운가를 주관적으로 평가하는 개념이다(김희주, 주경희, 2008). Havighurst 등(1968)은 삶의 만족도가 개인이 자신의 현재 지위와 활동에 대해 갖는 정서적 만족감이라고 정의하고 있으며, 이는 사회적 조건 및 제도와 사회 구성원 간의 상호작용의 결과를 반영하며, 개인의 삶을 가치 있고 보람 있게 만들어 주는 총량으로서의 만족감을 의미한다고 하였다. 최성재(1986)는 삶의 만족도를 과거 및 현재 삶과 활동에 대한 전반적인 평가와 미래의 삶과 활동의 전반적인 전망에 대한 긍정적인 정도라고 정의하고 있다(최성재, 1986: 정순둘, 2003, p. 61 재인용). 또한 삶의 만족도는 개인의 삶 전반에서 욕구와 욕망이 충족되었을 때의 감정상태이며 현재 상태의 행복, 환경에 대한 긍정적인 적응, 자신과 타인에게 불필요한 고통을 주지 않고 어려운 상황에 대처해 나갈 수 있는 능력을 의미한다(백종욱 외, 2010). 삶의 만족에 대한 주관적 평가는 동일한 객관적인 현실에 놓여 있다 하여도 각자의 과거 경험, 현재의 기대와 가치 등에 의해서 그 현실이 완전히 다르게 경험되면서(이상열 외, 2001) 개인의 삶에 큰 영향을 미치기 때문에 그 중요성이 매우 크다. 특히 현 노인세대보다 광범위한 개인적 삶의 경험과 미래에 대한 기대를 가지고 있는 베이비붐세대의 경우(Eileen & Langeland, 2011) 그들 삶에 대한 주관적 평가가 삶의 만족에 큰 영향을 미칠 것으로 예상된다.

정경희 등(2010)의 연구에서 베이비부머의 삶의 만족도 평균이 34.53점으로 나타나 보통 수준보다 약간 높다고 보고하였다. 자신의 삶에 만족한다는 주관적인 평가는 외부에서 바라보는 객관적인 평가에 비해서 훨씬 더 중요하다. 자신의 삶의 주체는 자신이기 때문에 앞으로의 자신의 삶이 행복하다면 그것보다 더 중요한 것은 없기 때문이다. 따라서 베이비부머 개개인이 중요하다고 생각하는 가족, 경제, 건강, 사회활동 등의 모든 측면은 삶의 만족도와 연관되어 있다. 신체적으로 건강을 유지하고 적극적으로 우울 및 스트레스를 관리하는 것, 경제적으로 안정되는 것, 부부와 자녀관계가 원만하고 친구 및 이웃과 갈등이 없도록 노력하는 것, 자신이 좋아하는 활동으로 여가시간을 채우고 자원봉사와 종교활동을 하는 것은 베이비부머가 자신의 삶을 즐기기 위한 방법이다. 이와 같이 삶의 만족도를 높이기 위해서는 사회적으로 제도와 서비스 개발뿐 아니라 개인적으로도 자신의 삶을 행복하게 만들기 위한 노력이 필요하다.

⑥ 노후준비가 필요한 세대

베이비부머의 노후준비는 여태껏 살아온 절반의 삶을 끝내고 제

2의 삶을 시작하는 준비다. 평균 100세를 사는 베이비부머는 이제 새 삶을 준비하는 독수리처럼 자신의 낡은 발톱과 부리를 버리고 새로운 무기를 장착해야 한다. 베이비부머의 노후준비는 독수리의 새로운 무기처럼 베이비부머를 더욱 강하고 멋진 어른으로 탈바꿈시킬 것이다. 젊은이들과 비견할 수 없는 노련한 경험과 준비된 신무기는 베이비부머의 미래를 밝게 할 뿐 아니라 우리 사회를 더욱 풍요롭게 할 것으로 믿어 의심치 않는다.

보건복지부와 국민연금공단의 자료에 의하면 현재 베이비부머의 노후준비는 평균 64.8점으로 연령이 낮을수록 노후준비 수준이 높아지는 모습을 보였다. 베이비부머의 건강관련 노후준비는 72.3점으로 다른 영역에 비해 가장 높았으며, 소득과 자산이 69.5%, 여가활동이 62.0%, 사회적 관계 영역이 55.1%로 나타났다(헤럴드경제, 2012. 2. 21.).

건강과 경제적인 노후준비에 비해 상대적으로 여가와 사회적 관계의 영역은 노후준비가 미흡한 것을 볼 수 있다. 여가에 대한 준비가 여가활동으로 이어지고, 이것이 곧 삶의 만족도로도 이어지기 때문에(남순현, 김미혜, 2014) 베이비부머가 여가에 대한 노후준비를 할 수 있도록 지원할 필요가 있다.

베이비부머의 노후준비는 개인뿐 아니라 사회가 함께 준비해야 한다. 현 베이비붐세대는 전반적으로 노후준비의 필요성에 대한 인식이 다른 세대에 비해 높으나, 실제 준비정도는 인식하는 것보다 낮은 상태다. 베이비부머의 노후준비에 대한 맞춤형 정보제공 및 교육, 상담 등이 적절하게 지원되어야 한다.

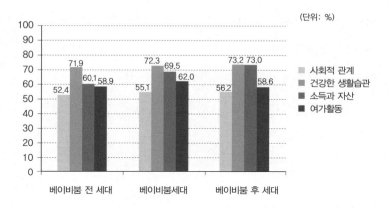

(단위: %)

사회적 관계
건강한 생활습관
소득과 자산
여가활동

베이비붐 전 세대: 52.4, 71.9, 60.1, 58.9
베이비붐세대: 55.1, 72.3, 69.5, 62.0
베이비붐 후 세대: 56.2, 73.2, 73.0, 58.6

[그림 6-1] 베이비붐 전후세대의 노후준비 비교

출처: 해럴드경제(2012. 2. 21.).

베이비부머의 미래는 만들어 가는 과정에 있다. 우리는 앞으로 5년을 바라보는 제3차 저출산·고령사회 대책 수립을 목전에 두고 있다. 앞으로의 준비에 따라 향후 5~10년 이후의 당사자의 삶과 사회의 모습이 크게 달라질 수 있다. 외국의 경우 중년기 이후의 삶의 만족도는 높아지는 것으로 나타났으나 우리나라의 기존 노인층은 외국의 경우와는 다르다. 이들이 준비되지 않은 노후를 보내면서 은퇴 이후에 급격히 빈곤층으로 전락하고, 사회적 관계가 단절되고 건강하지 못한 삶을 '그냥 살아내는' 경우를 주변에서 많이 보게 된다.

새롭게 노인이 될 베이비부머의 삶은 노후준비로 인해 기존의 노인들과 다를 것이라 믿는다. 베이비부머가 노인과 젊은이를 연결하는 중간세대로서 경제적으로는 안정적이고, 신체적·정신적으로는 활기차고 건강하게, 자신이 좋아하는 사람들과 함께 여가활동을 즐기는 멋진 노인이 되어 우리 사회를 보다 긍정적으로 변화시키길 기대한다. 모쪼록 베이비부머의 은퇴와 노년기 진입이 베이비부머 개인과 우리 사회에 새로운 기회가 되기를 바란다.

[참고문헌]

김희주, 주경희(2008). 한국적 성공적 노후척도를 활용한 노인의 삶의 만족에 관한 연구. 한국노인복지학회, 통권(41), 125-158.

남순현, 김미혜(2014). 베이비부머의 여가중심 라이프스타일, 은퇴준비 및 부부여가활동이 삶의 만족도에 미치는 영향. 한국노년학회지, 34(1).

백종욱, 김성오, 김미양(2010). 노인들의 여가활동과 삶의 만족도와의 관계. 임상사회사업연구, 7(1), 37-58.

이상열, 최석재, 나용호(2001). 건강과 관련된 삶의 질에 대한 고찰. 대한소화기학, 7(1), 6-12.

정경희, 이소정, 이윤경, 김수봉, 선우덕, 오영희, 김경래, 박보미, 유혜영, 이은진(2010). 베이비부머의 생활실태 및 복지욕구. 서울: 한국보건사회연구원.

정순둘(2003). 저소득 노인의 가족동거여부와 삶의 만족도. 한국가족복지학, 11(단일호), 59-79.

Eileen, E. M., & Langeland, K. L. (2011). Boomer's prospective needs for senior centers and related services: A survey of persons 50-59. *Journal of Gerontological Social Work, 54*(1), 116-130.

Havighurst, R. J., Neugarten, B. L., & Tobbin, S. S. (1968). Disengagement and patterns of aging. In B. L. Nuegarten (Ed.), *Middle age and aging: A reader in social psychology.* Chicago: The University of Chicago Press.

해럴드경제(2012. 2. 21.). http://media.daum.net/society/others/newsview?newsid=20120221102009560

저자 소개

김미혜 (Kim Meehye)
이화여자대학교 사회사업학 학사
이화여자대학교 사회사업학 석사
Ohio State University 사회사업학 석사
Ohio State University 사회사업학 박사
현 이화여자대학교 사회과학대학 사회복지학과 교수

저서: 『재가노인복지정책의 변천』(3인 공저, 나눔의 집, 2013) 외 다수
논문: 베이비부머의 여가중심 라이프스타일, 은퇴준비 및 부부 여가
    활동이 삶의 만족도에 미치는 영향(2인 공저, 한국노년학회,
    34, No. 1, 2014) 외 다수

정순둘 (Chung Soondool)
이화여자대학교 사회사업학 학사
이화여자대학교 사회사업학 석사
University of Texas at Austin 사회사업학 박사
현 이화여자대학교 사회복지대학원 원장
    이화여자대학교 사회과학대학 사회복지학과 교수

저서: 『노인상담-기본 기술과 과정』(3인 공저, 학지사, 2013) 외 다수
논문: Measuring social capital in the Republic of Korea with
    mixed methods: application of factor analysis
    and fuzzy-set ideal type approach(3인 공저, *Social
    indicators research, 117*(1), 45-64, 2014) 외 다수

한국 베이비부머의 삶과 미래
The Life and Future of Korean Baby Boomer

2015년 8월 20일 1판 1쇄 인쇄
2015년 8월 25일 1판 1쇄 발행

지은이 • 김미혜 · 정순둘
펴낸이 • 김진환
펴낸곳 • (주)**학지사**

　　　　　121-838 서울특별시 마포구 양화로 15길 20 마인드월드빌딩
대표전화 • 02)330-5114　　팩스 • 02)324-2345
등록번호 • 제313-2006-000265호

홈페이지 • http://www.hakjisa.co.kr
페이스북 • https://www.facebook.com/hakjisa

ISBN 978-89-997-0750-6 93330

정가 12,000원

저자와의 협약으로 인지는 생략합니다.
파본은 구입처에서 교환해 드립니다.

이 책을 무단으로 전재하거나 복제할 경우 저작권법에 따라 처벌을 받게 됩니다.

인터넷 학술논문 원문 서비스 **뉴논문** www.newnonmun.com

이 도서의 국립중앙도서관 출판시도서목록(CIP)은 서지정보유통지
원시스템 홈페이지(http://seoji.nl.go.kr)와 국가자료공동목록시스템
(http://www.nl.go.kr/kolisnet)에서 이용하실 수 있습니다.
(CIP제어번호: CIP2015022414)